W0289091

Beat Balzli (Hg.), Martin Seiwert

Claus Hipp

Mein Leben, meine Firma, meine Strategie

Beat Balzli (Hg.), Martin Seiwert

Claus Hipp

Mein Leben, meine Firma, meine Strategie

GABAL

Externe Links wurden bis zum Zeitpunkt der Drucklegung des Buches geprüft. Auf etwaige Änderungen zu einem späteren Zeitpunkt hat der Verlag keinen Einfluss. Eine Haftung des Verlags ist daher ausgeschlossen.

Bibliografische Information der Deutschen Nationalbibliothek

Die Deutsche Nationalbibliothek verzeichnet diese Publikation in der Deutschen Nationalbibliografie; detaillierte bibliografische Daten sind im Internet über http://dnb.d-nb.de abrufbar.

ISBN 978-3-96739-006-3

Lektorat: Anke Schild, Hamburg
Umschlaggestaltung: Martin Zech, Bremen | www.martinzech.de
Coverillustration: Nigel Buchanan
Beratung Coverillustration: Patrick Zeh
Bildredaktion: Patrick Schuch, Düsseldorf
Satz und Layout: Lohse Design, Heppenheim | www.lohse-design.de
Druck und Bindung: Salzland Druck, Staßfurt

Copyright © 2020 GABAL Verlag GmbH, Offenbach
Alle Rechte vorbehalten. Vervielfältigung, auch auszugsweise, nur mit schriftlicher Genehmigung des Verlags.

Wir drucken in Deutschland.

www.gabal-verlag.de
www.facebook.com/Gabalbuecher
www.twitter.com/gabalbuecher
www.instagram.com/gabalbuecher

PEFC/04-31-2251

PEFC zertifiziert
Dieses Produkt stammt aus nachhaltig bewirtschafteten Wäldern und kontrollierten Quellen.

www.pefc.de

Inhalt

Vorwort

Die zentralen Fragen des Lebens kommen meist schlicht daher. »Wie baue ich erfolgreich ein Unternehmen auf?« ist so eine. Ein Heer von Gründerinnen und Gründern stellt sie sich regelmäßig. Ein Heer von Coaches, Unternehmensberatern und Managementgurus glaubt, die Antwort zu kennen.

Doch in Wahrheit ist alles viel komplexer. Von der DNA des Erfolges gibt es beinahe so viele Varianten wie von der menschlichen. Aber das richtige Zusammenspiel unzähliger Bausteine funktioniert nach ein paar Gesetzen, die sich in vielen Aufsteigergeschichten wiederholen. Diesen Regeln des richtigen Handelns will die *WirtschaftsWoche* mit der neuen Buchreihe *Mein Leben, meine Firma, meine Strategie* nachspüren. Ganz bewusst handelt es sich dabei nicht um herkömmliche Biografien. Stattdessen erzählen prominente Unternehmerpersönlichkeiten, die in ihrem Leben Außergewöhnliches geschaffen haben, über Höhen und Tiefen, ihre Stärken und Schwächen, ihre Tops und Flops. So kommen Nahaufnahmen von Menschen zustande, die sich sonst nur einem engen Kreis Vertrauter öffnen. Sie lüften Geheimnisse, sprechen über richtiges Timing, falsche Freunde, einmalige Chancen, umstrittene Entscheidungen, großes Glück, große Fehler – und den unbedingten Willen, es trotzdem zu schaffen.

Kaum einer wirkt bei diesen Erzählungen so authentisch wie Claus Hipp. Er ist der Mann, dem ein ganzes Land den Appetit seiner Kleinkinder anvertraut. In der legendären Fernsehwerbung für seine

Babynahrung steht er in blühenden Landschaften und sagt: »Dafür stehe ich mit meinem Namen.« Glaubwürdiges Marketing eben. Hier spricht kein bonusgetriebener Konzernmanager, sondern ein tiefgläubiger Unternehmer, der für seine Verfehlungen haftet – und darum schon vor Jahrzehnten den Gedanken der ökologischen Verantwortung verinnerlichte. Er hat die Generation Greta mit aufgezogen, ist er überzeugt: »Man müsste sich mal anschauen, wie die Generation Greta in der Kindheit ernährt wurde. Meine Vermutung ist: Die haben viele Bioprodukte von Hipp bekommen.« Als Visionär würde er sich selbst nie bezeichnen. Alle anderen schon. Hat er Fehler gemacht? Garantiert. Hat der Hobbymaler, Messdiener und Musterschüler mehr falsch als richtig gemacht? Unwahrscheinlich. Selbst die Nachfolge scheint vorbildlich geregelt. Seine Söhne übernahmen schon vor Jahren das Ruder.

WiWo-Redakteur Martin Seiwert traf Vater und Sohn Stefan mehrmals zu stundenlangen Gesprächen – und kam so dem Hipp-Geist auf die Spur.

Beat Balzli

Claus Hipp ist für Millionen Menschen der Mann aus der Fernsehwerbung. Der, der in der blühenden Natur steht und sagt: »Dafür stehe ich mit meinem Namen.« Bei kaum einem anderen Produkt zählt Vertrauen in ein Unternehmen so sehr wie bei Babynahrung: Die Kleinsten sollen nur das Beste bekommen. Dass Claus Hipp dafür persönlich bürgt, ist cleveres Marketing – aber nicht nur: Hier verschmelzen für den Kunden ein Unternehmen, das als eines der ersten weltweit den Gedanken der ökologischen Verantwortung verinnerlichte, und ein Unternehmer, der keine Scheu hat, religiöse und ethische Überzeugungen zu vertreten und sich an diesen hohen Ansprüchen auch selbst messen zu lassen. So logisch diese einzigartige Verbindung von Hipp und Hipp-Gläschen heute auch erscheinen mag, der Weg dorthin war alles andere als vorgezeichnet. Er war kurvenreich, inspirierend und voller Überraschungen.

ERSTES KAPITEL

Das Leben heute und damals

Zwischen Natur und Büro

Herr Hipp, viele Deutsche kennen Ihr Gesicht aus der Werbung. Sonst weiß man aber nicht viel über Sie. Verraten Sie uns doch mal: Wie leben Sie?

▶ Ganz einfach, wie ein Bauer. Ich habe meinen Hof und die Tiere; dort lebe ich mit meiner Frau, meiner Tochter und ihrem Mann. Mein Schwiegersohn ist Diplomlandwirt und leitet den Betrieb, der macht das alles sehr gut und professionell. Wenn Not am Mann ist, dann helfe ich auch mit. Seit über 60 Jahren wird auf unserem Hof biologischer Landbau betrieben. Heute kümmern wir uns besonders um den Erhalt der Artenvielfalt. Wir machen das aber nicht selbstgestrickt, sondern in engem Austausch mit Universitäten und Umweltorganisationen. Dabei haben wir beachtliche Erfolge.

Wie groß ist der Hof?

▶ Wir bewirtschaften 180 Hektar. Unsere Rinder sind Original Braunvieh. Das ist eine Rasse, die ursprünglich aus der Schweiz und dem Allgäu kommt. Die ist schon so selten geworden, dass der Staat ihren Erhalt aus Artenschutzgründen unterstützt. Das ist eine Rinderrasse, die leichter ist als die heutigen Arten, sie ist robuster und nicht so krankheitsanfällig. Die Tiere können deshalb im Freien leben, im Wald oder auf der Wiese. Die Kälber kommen in der Natur zur Welt und bleiben bei der Mutter, bis sie groß genug sind.

Ein typischer Tag im Leben des Claus Hipp, wie muss man den sich vorstellen?

▶ Ins Detail will ich eigentlich nicht gehen. Sonst hat die Polizei Sorge, dass ich möglichen Tätern in die Hände spiele.

Fürchten Sie eine Entführung?

▶ Die Polizei rät zur Vorsicht, weil ich eben eine gewisse Bekanntheit habe. Aber ich kann Ihnen verraten, dass ich vor 5 Uhr aufstehe. Nach dem Frühstück fahre ich los und schließe eine Kirche auf, die ich vor über 40 Jahren einmal renoviert habe.

Warum haben Sie eine Kirche renoviert?

▶ Es handelt sich um eine allein stehende Wallfahrtskirche auf einem kleinen Berg im Wald, sie war sehr verfallen. In den 1970er-Jahren habe ich mich dafür eingesetzt, dass sie renoviert wird. Das Ordinariat hat Material und Farbe zu Verfügung gestellt und ich habe mit freiwilligen Helfern die Arbeiten übernommen. Als der emeritierte Papst Joseph Ratzinger noch Kardinal in München war, hat er mich gebeten, mich um die Kapelle zu kümmern – und das mache ich auch.

Sie stehen so früh auf, um die Kirche zu öffnen? Das kann doch auch jemand anderes machen.

▶ Bestimmt, aber ich mache das gern. Dort habe ich ein paar ruhige Minuten zu Tagesbeginn. Das verhindert, dass der Tag zu hektisch wird. Danach gehe ich in die Firma. Meine Sekretärin ist schon ab 6 Uhr hier. Dann kümmere ich mich um die Dinge, die man erledigen sollte, bevor der Geschäftsbetrieb so richtig losgeht, lese zum Beispiel meine Post.

»Meine Mutter hat mir die Beziehung zur Natur von klein auf beigebracht. Der biologische Landbau bei Hipp geht schlussendlich auf sie zurück.«

Claus Hipps Mutter Anny Hipp-Metzner mit dem Ökolandbau-Pionier Dr. Hans Müller und Alfred Kolb, dem damaligen Betriebsleiter des familieneigenen Landguts »Ehrensberger Hof«

Sie sind aber nicht nur in Pfaffenhofen, sondern auch oft in München.

▶ Ja. Dort habe ich auch ein Büro. Ich bin Honorarkonsul von Georgien für den Amtsbezirk Bayern, Baden-Württemberg und Thüringen. Manche Leute, die mich treffen wollen, kommen lieber in das Konsulat nach München als an den Hauptsitz von Hipp in Pfaffenhofen, weil München besser zu erreichen ist.

Sie haben Ihre Firma mit rund 3500 Mitarbeitern, den eigenen Hof, die Verpflichtungen als Honorarkonsul, Sie halten Vorlesungen als Professor, Sie malen und musizieren in einem Orchester. Habe ich etwas vergessen?

▶ Das war es im Wesentlichen, glaube ich.

Welchen Platz kann bei einem solchen Programm die Familie noch haben?

▶ Die Familie ist mir das Wichtigste und hat immer Priorität. Sie kann jederzeit vorbeikommen. Wir sehen uns hier in der Firma, wir sehen uns zu Hause beim Essen. Wenn jemand mehr Zeit braucht, dann muss er sich nur melden, dann kriegt er sie. Das weiß jeder in der Familie.

Hätten Sie als junger Student gedacht, dass Sie einmal ein solches Leben führen würden?

▶ Nein.

Kindheit im Krieg und in der Nachkriegszeit

Sie wurden 1938 geboren, kurz vor dem Beginn des Zweiten Weltkriegs. Was waren das für Verhältnisse, in die Sie hineingeboren wurden?

▶ Ich wurde in München geboren. Das Unternehmen war dorthin umgezogen, weil mein Vater und die ganze Familie gegen die Nazis waren. Auf dem Land kannte jeder jeden, wusste, wie er eingestellt ist. In der Stadt war es anonymer.

Können Sie sich an den Krieg erinnern?

▶ Ja, ich habe einige Erinnerungen an den Krieg. In München gab es natürlich Luftangriffe, die sich mir eingeprägt haben. Dann sind wir in den Luftschutzkeller gerannt, was ich als Kind sehr lustig fand. Das war für mich ein Spiel. Dort war es so eng, dass einmal einer stolperte und dann alle anderen umgefallen sind wie Dominosteine. In der Nachkriegszeit habe ich gesehen, wie die Flüchtlinge bei uns angekommen sind und dann einen sehr erheblichen Teil der Bevölkerung ausgemacht haben.

»Dreimal in der Woche hatten wir für eine Stunde Schulunterricht. Die Kinder mussten ein Stück Holz oder ein Stück Kohle zum Heizen mitbringen.«

Claus Hipp, geboren 1938, hat die Bombenangriffe auf München im Zweiten Weltkrieg überlebt – nach dem Krieg gehörten Mangel und Flüchtlingselend zum Alltag

Wie hat das Zusammenleben mit den Fremden geklappt?

▶ Die Lehrer haben wir teilweise sehr schlecht verstanden, weil wir eben doch einen ganz anderen Dialekt gewöhnt waren. Wir mussten langsam sprechen, dann ging es. Nur dreimal in der Woche hatten wir für eine Stunde Schulunterricht. Das Schulhaus war im Krieg in ein Lazarett umgewandelt worden, deshalb hat der Unterricht in Wirtshäusern stattgefunden. Die Kinder mussten ein Stück Holz oder ein Stück Kohle zum Heizen mitbringen. Das meiste haben wir zu Hause gelernt, es gab immer Hausaufgaben. Unsere Lehrer waren vielfach aus dem deutschen Osten. Von der bayerischen Lebensart und Kultur hatten sie kaum eine Ahnung. Unser Unterricht bestand dann mehr aus Riesengebirge und Rübezahl als aus bayerischer Geschichte. Aber es hat uns nicht geschadet.

Für Ihre Eltern war es sicher keine leichte Zeit nach dem Krieg.

▶ Sie waren natürlich froh, dass der Krieg zu Ende war. Aber die Not war nicht vorbei. Es kam eine ökonomisch sehr schwere Zeit, in der wir wirtschaftlich wirklich sehr auf der Kippe standen.

Wie kam das?

▶ Als sich die Währungsumstellung abzeichnete und die D-Mark eingeführt werden sollte, hat der Handel mit der alten Währung riesige Warenmengen eingekauft und die Lager gefüllt. Als dann die neue Währung da war, wurden die Läden mit der gelagerten Ware geflutet. Mein Vater, der ein sehr ehrbarer Kaufmann war, musste feststellen, dass die Ware, die vom Handel auf Vorrat gekauft worden war, nach einiger Zeit nicht mehr in Ordnung war. Das war alles voller Klumpen. Er wollte aber, dass seine Produkte die besten sind. Deshalb hat er gesagt: Wir müssen die alte Ware umtauschen und neue liefern. Sie können sich sicher vorstellen, dass das nur eine Zeit lang gut gegangen ist. Produzieren und liefern ohne neue Erlöse, das hält kein Unternehmen lange aus.

Stand eine Insolvenz im Raum?

▶ Das hätte passieren können. Die Mitarbeiter haben das natürlich mitbekommen. Die Führungskräfte sind zu meinem Vater gegangen und haben gesagt: Wenn Sie uns nur das geben, was wir zum Leben brauchen, um unsere Familien über Wasser zu halten, dann sind wir

»Nach Kriegsende begegnete uns der Schuldirektor. Meine Schwester und ich sagten brav: ›Heil Hitler, Herr Direktor!‹ Wir kannten ja nichts anderes. Da sagte mein Vater: ›Jetzt könnt ihr wieder ›Grüß Gott‹ sagen.‹«

Claus Hipp (stehend) mit seinen Geschwistern. Der Firmen-Lkw – ein umgebauter Militärwagen – transportiert eine neue Glocke für die Pfaffenhofener Kirche

damit erst einmal zufrieden. Das andere können Sie uns vielleicht später einmal nachzahlen.

Und, hat das geholfen?

▶ Kurzfristig sorgte es für Erleichterung. Und dann hat sich plötzlich die korrekte Einstellung meines Vaters ausgezahlt. Die amerikanischen Besatzer haben für die sogenannten Schulspeisungen Lebensmittel geschickt: Zucker, Mehl, Milchpulver, Kakaopulver. Das sollte vermischt werden, sodass in der Schule nur noch Wasser hinzugefügt werden musste. Diese Aufträge wurden an örtliche Unternehmen vergeben. Da wurde dann ausgehandelt, dass ein gewisser Schwund durch den Mischprozess stattfinden darf. Manche haben sieben Prozent ausgehandelt, aber mein Vater hat gesagt: Ein Prozent ist genug. Dadurch erhielt er so viele Aufträge, dass wir wirtschaftlich erst mal über den Berg waren.

Ihre erste Lektion über den ehrbaren Kaufmann?

▶ Ja. Die anderen Unternehmen konnten sich zwar einiges von den Lebensmitteln der Amerikaner abzweigen, aber das hat ihnen nur kurzfristig geholfen. Auf lange Sicht standen wir besser da.

Was war eigentlich noch übrig von dem Unternehmen Hipp nach dem Krieg? Waren die Mitarbeiter noch da, die Maschinen, die Gebäude?

▶ An unserem Stammsitz in Pfaffenhofen hatten wir keine Bombenschäden. Aber in München. Dort war unsere Verwaltung ansässig. Wegen des Schadens mussten wir sie nach Pfaffenhofen verlegen. Aber nach zwei Wochen ist alles normal gelaufen.

(Das Handy klingelt. Er telefoniert kurz.)

Sie gehen konsequent an Ihr Handy. Wird Ihnen das manchmal nicht ein bisschen viel?

▶ Nein, denn nicht jeder hat die Nummer. Wer anruft, mit dem spreche ich auch. Für mich ist es ein gutes Gefühl, erreichbar zu sein. Das beruhigt mich. Wenn ich nicht erreichbar bin, dann denke ich, es könnte dieses und jenes passiert sein. Natürlich prasseln jeden Tag auch viele nutzlose Informationen auf uns ein, was eine Belastung ist.

Es war jetzt unvermeidlich zu lauschen. Das muss ein Anruf von der Schweizer Verwandtschaft gewesen sein. Sie haben direkt auf Schwyzerdütsch umgeschaltet.

▶ Ja, der Anruf kam aus der Schweiz.

Ihre Mutter war Schweizerin, Ihr Vater Deutscher. Aufgewachsen sind Sie aber vor allem in Deutschland. Was bedeutet Ihnen die Schweiz?

▶ Mein Lebensmittelpunkt war die meiste Zeit in Deutschland. Aber ich habe schon auch Heimatgefühle für die Schweiz. Nach dem frühen Tod meines Vaters ist meine Mutter in die Schweiz gegangen. Die Hälfte meiner Verwandtschaft lebt dort. Also das ist schon auch meine Heimat.

Wie haben Sie die amerikanischen Besatzer wahrgenommen? Ihre Familie war gegen die Nazis. Waren die Amerikaner die Guten, die Deutschen die Bösen?

▶ Die Amerikaner waren die Retter. Aber man hat schon auch einige unschöne Dinge über sie gehört. Sie sollen recht ungeniert und brutal mit den Leuten umgegangen seien. In München gab es zum Beispiel die Familie Böhmler, die ein großes Möbelhaus hatte. Ihre Villa ist im Krieg nicht zerstört worden, also sind die Amerikaner dort reingegangen und haben die Böhmlers rausgeschmissen. Sie mussten dann in unser beschädigtes Haus ziehen, das in der gleichen Straße war. Die Böhmlers hatten eine sehr schöne Einrichtung in ihrer Villa. Was haben die Amerikaner gemacht? Sie haben die Türfüllungen rausgeschnitten, damit ihre Hunde vom einen Zimmer in das andere gehen konnten. Vielfach waren die Amerikaner echte Banausen und hatten überhaupt kein Gespür für Kultur. Darunter leiden sie manchmal noch heute …

Der Aufstieg der Nazis in den 1930er-Jahren hat auch innerhalb Ihrer Familie zu Spannungen geführt, denn Ihre Mutter war Schweizerin, Ihr Vater Deutscher. Die Gräben zwischen beiden Familien sollen anfangs sehr tief gewesen sein.

▶ Es war so schlimm, dass die bevorstehende Heirat meiner Eltern von der Schweiz aus hintertrieben wurde. Mein Vater durfte meine Mutter nicht mehr treffen, durfte ihr nicht mehr schreiben. Aber meine Mutter hat Wege gefunden, dass es doch noch Kontakt geben konnte, ohne dass sie ihr Versprechen gebrochen hätte. Schlussendlich hat meine Mutter ihn geheiratet. Aber im Krieg war es für meine Mutter natürlich nicht leicht in Deutschland. Ein paar Hundert Kilometer weiter südlich, in der Schweiz, wäre sie in Sicherheit gewesen und es hätte ihr an kaum etwas gefehlt. Nach dem Krieg waren wir einmal im Kino, der Film hieß *Marie-Louise*. Es ging um ein Mädchen aus Frankreich, das im Krieg seine Heimat verlassen musste und in die Schweiz gebracht wurde. Dort im Kino sah ich zum ersten Mal in meinem Leben meine Mutter weinen. Sie hatte ihr Heimatland gesehen, die Natur, die Schweizer Fahne. Das hat sie sehr berührt.

Gab es in Ihrer Familie nach dem Krieg Schuldgefühle wegen des Unrechts der Nazizeit?

▶ Nein, denn die Schuldigen waren die anderen. Das sage ich nicht einfach so. Meine Familie hat gegen die Nazis gekämpft. Sicherlich haben meine Verwandten hinterher auch gedacht, dass sie manchmal noch hätten mehr tun können. Aber da muss man auch bedenken: Dadurch wäre die Familie noch mehr in Lebensgefahr gebracht worden.

»Meine Eltern waren natürlich froh, dass der Krieg zu Ende war. Aber die Not war nicht vorbei. Es kam eine ökonomisch sehr schwere Zeit, in der wir wirtschaftlich auf der Kippe standen.«

Claus Hipps Eltern, Georg Hipp und Anny Hipp-Metzner, ließen sich anlässlich ihrer Silberhochzeit 1961 fotografieren. Die schwere Nachkriegszeit hatte das Unternehmen da schon überstanden

Erinnern Sie sich, dass im Krieg über die Nazis und den Widerstand gesprochen wurde?

▶ Darüber wurde kaum gesprochen. Mir wurde eingetrichtert, in der Öffentlichkeit nicht über Privates zu reden. Meine Eltern hatten Angst, dass ich draußen etwas über ihre Haltung gegenüber den Nazis erzählen würde.

Mir wurde in der Nazizeit eingetrichtert, in der Öffentlichkeit nicht über Privates zu reden.

Und, hat es mit der Diskretion geklappt?

▶ Es hat zumindest so gut funktioniert, dass niemand von uns im Konzentrationslager landete. Die Geheimnistuerei hatte ich auch wirklich sehr verinnerlicht. Nach dem Krieg haben wir in einem kleinen Haus am Firmengelände gewohnt. Irgendwann hat mich ein Mitarbeiter gefragt, was es denn bei uns zum Mittagessen gebe, und ich habe geantwortet: »Das musst du meinen Vater fragen.«

Ihr Onkel war Oberbürgermeister von Regensburg. Er hat aus seiner Abneigung gegenüber den Nazis keinen Hehl gemacht.

▶ Ja, er hat sich gegen die Nazis starkgemacht, weshalb er neun Monate im Konzentrationslager Dachau verbracht hat. Er hatte Adolf Hitler in Regensburg Redeverbot erteilt. Dann haben sie ihn geholt.

So offen hat Ihr Vater nicht gegen die Nazis gekämpft.

▶ Nein, er war in Opposition zu Hitler, aber nicht so offen. Viele haben so agiert. Zum Beispiel am Geburtstag von Adolf Hitler. Da mussten die Geschäfte mit Hitler-Darstellungen dekoriert werden, was nicht jedem gefallen hat. Ein Kunde von uns wurde von seinen Mitarbeitern dazu gedrängt, eine Gipsbüste von Hitler in sein Schaufenster zu stellen. Er sagte zu den Mitarbeitern: »Der Gipskopf kommt mir nicht ins Fenster!« Das wurde der NSDAP gemeldet und er musste sich dort rechtfertigen. Er erklärte den Nazis, er habe das nicht abschätzig gemeint, sondern einfach eine Büste aus Gips als nicht hochwertig genug empfunden. Die Partei hat ihm das offensichtlich abgekauft. Es war eben eine Diktatur, und manche Leute haben es verstanden, zwischen den Zeilen ihren Protest zum Ausdruck zu bringen. Nach dem Attentat auf Adolf Hitler soll Kardinal Michael von Faulhaber im Münchner Dom gebetet haben: »O Gott, halte deine schützende Hand über unseren Führer.« Für die Nazis klang das gut. Die Gläubigen aber kannten den ganzen Gebetstext: »Bewahre uns vor den Nachstellungen des Satans, halte deine schützende Hand über ihn.« Der Satz bezog sich also auf den Satan.

Viele deutsche Unternehmen haben in der Kriegszeit ihre Produktion umgestellt und kriegswichtige Güter hergestellt. Hat Hipp Nahrungsmittel für die Soldaten geliefert?

▶ Wir haben hier ein Brot entwickelt, das eine besondere Eigenschaft hatte. Wenn man von einem Flugzeug Lebensmittel abwarf, dann wurde das Brot faktisch gefriergetrocknet. Denn dort oben herrschen Temperaturen von bis zu minus 50 Grad. Die Folge war, dass das Brot unten steinhart und trocken ankam. Das konnte man kaum noch essen. Uns ist es gelungen, ein Brot zu erfinden, bei dem das nicht passiert. Mein Vater sollte das für das Militär produzieren, aber er hat sich geweigert, denn er wollte das Unrecht nicht unterstützen. Wirtschaftlich wäre es natürlich sehr attraktiv gewesen. Viele Familienunternehmen haben für das Militär gearbeitet und entsprechend gut verdient. Es gab aber auch einige, die Rückgrat bewiesen.

»Mein Vater hat es immer gehasst, wenn ich in meinen Reitstiefeln zu Hause ankam. Es erinnerte ihn an die Uniformierten im Dritten Reich.«

Claus Hipp bei einem Reitturnier – mit der Pferdezucht verdiente er schon als Schüler Geld

Ich nehme an, die Erleichterung über das Ende des Naziterrors war groß in Ihrer Familie.

▶ Sehr. Ich erinnere mich noch gut, wie ich mit meiner Schwester und meinem Vater kurz nach dem Krieg durch die Stadt ging. Da begegnete uns der Direktor der Schule. Meine Schwester und ich sagten, wie es uns über Jahre eingetrichtert wurde, brav: »Heil Hitler, Herr Direktor!« Wir kannten ja nichts anderes. Da erklärte mein Vater: »Jetzt könnt ihr wieder ›Grüß Gott‹ sagen.« Mein Vater hat es auch immer gehasst, wenn ich später in meinen Reitstiefeln zu Hause ankam – es erinnerte ihn zu sehr an die Uniformierten im Dritten Reich.

Ihr Onkel war Bürgermeister, auch andere Verwandte hatten wichtige Ämter. Wie wichtig war Erfolg in Ihrer Familie?

▶ Es war schon wichtig, Ziele zu haben und dafür hart zu arbeiten. Auch die Bildung hatte einen hohen Stellenwert.

Große Teile Ihrer Familie kamen aus Handwerk und Landwirtschaft. War Ihrem Vater eine Bäckerei nicht genug?

▶ Mein Vater war Handwerker. Er hatte nicht studiert. Aber er wollte etwas Großes schaffen, das war klar. Der Erfolg des Unternehmens war absolut kein Zufall. Mein Vater war mutig und ist vorangegangen, hat Dinge einfach probiert. Nach dem Tod des Großvaters verzichtete mein Vater auf den Erbteil am elterlichen Konditoreibetrieb und erhielt das alleinige Recht zur Produktion des Kinderzwiebackmehls. Das spielte damals im Geschäft noch eine eher untergeordnete Rolle. Er kaufte einen Backofen und mietete sich eine ehemalige Hopfenhalle für die weitere Produktion an. Die Produkte hat er dann mit dem Fahrrad von Haus zu Haus gefahren und verkauft, ist immer größer geworden und hat 1932 die Firma Hipp Nährmittel gegründet.

Mein Vater wollte etwas Großes schaffen, das war klar.

Sie sagten, Ihr Vater wollte etwas Großes schaffen. Also ein großes Unternehmen?

▶ Ja, er wollte einen großen Betrieb.

Wäre ihm Hipp heute groß genug?

▶ Das Unternehmen, wie es heute ist, würde ihm schon Freude machen.

Vielleicht auch ein bisschen Angst, angesichts der Dimensionen?

▶ Er war nicht ängstlich.

Religion und Familie: Fürchte Gott, tue recht und scheue niemand

Das Motto Ihres Vaters soll gewesen sein: Fürchte Gott, tue recht, scheue niemand.

▶ Das galt nicht nur für ihn, das war immer schon eine Richtschnur für die Familie.

Auch heute für Sie?

▶ Ja, das passt schon. Wenn ich nur die Gesetze fürchte, tue ich, was legal ist. Wenn ich Gott fürchte, tue ich, was legitim ist.

Ist es so, fürchten Sie niemanden außer Gott?

▶ Das versuche ich, aber es kann schon sein, dass mir Menschen Angst machen.

Wer könnte das sein?

▶ Politiker, die furchtbare Dinge beschließen. Menschen, die Streit und Krieg entfachen.

Verraten Sie uns, wie Sie sich Gott vorstellen?

▶ Er ist gütig, er will mein Bestes, und ich habe Vertrauen zu ihm, dass ich mit allem kommen kann. Und dass es mir besser geht, wenn ich ihn anerkenne und ihn ehre.

»Das Motto meines Vaters war: Fürchte Gott, tue recht, scheue niemand. Wenn ich nur die Gesetze fürchte, tue ich, was legal ist. Wenn ich Gott fürchte, tue ich, was legitim ist.«

Produktion der Firma Hipp in Pfaffenhofen um 1960

Und warum muss ich ihn dann fürchten?

▶ Da ist wohl eher Ehrfurcht als Furcht gemeint.

Wie wirkt sich das in Ihrer Arbeit aus?

▶ Das spielt jeden Tag eine Rolle. Es gibt immer die Versuchung, Erfolge auf zweifelhafte Weise anzustreben. Wenn ich mich dann anders entscheide, dann tue ich das auch aufgrund meines Glaubens.

Braucht es dafür einen Gott? Es sagt mir doch schon die Vernunft, dass zweifelhafte Methoden auf Dauer nichts bringen.

▶ Es geht vielleicht auch so. Aber für mich wäre der Weg ohne Gott der schwierigere. Ich stelle mir ein unternehmerisches Leben ohne Glauben und ohne meine Heimat in der Kirche viel schwieriger vor.

Die Missbrauchsskandale haben die katholische Kirche viel Ansehen, viele Spenden und Einnahmen aus Kirchensteuern gekostet. Wenn die Kirche ein Unternehmen wäre: Drohte die Pleite?

▶ Grundsätzlich sehe ich die Kirche in einer guten Verfassung. Schließlich sind wir alle die Kirche, nicht nur das Kirchenpersonal. Es sind allerdings in der Tat schreckliche Dinge passiert, die niemals passieren dürfen. Entsprechend schlecht sind die Schlagzeilen.

Wenn man mit einem hohen moralischen Anspruch auftritt, muss man sich daran auch messen lassen.

▶ Ja, klar. Die Kirche steht mit ihrer Fürsorgepflicht hier in besonderer Verantwortung. Aber wenn einseitig nur die Kirchen kritisiert werden, verzerrt es das Gesamtbild, was der Sache nicht dienlich ist. Wir brauchen hier viel mehr Aufklärung und aktives Hinschauen – das gilt in der Kirche, in Sportvereinen, der Schule oder im privaten Umfeld.

Sie haben Bücher geschrieben, in denen es sehr stark um Theologie geht. Wenn man das liest, fragt man sich, ob an Ihnen ein Theologe verloren gegangen ist.

▶ Theologie und Philosophie waren in meiner Erziehung schon ein wichtiger Teil. Das mag ich nicht missen, das halte ich für sehr wichtig.

Wollten Sie es unbedingt weit bringen, sei es als Unternehmer oder auch als Reitsportler oder Maler?

▶ Der Wille war stark. Aber ich fühlte auch eine Verpflichtung, als ältester Sohn mit dem Unternehmen weiterzumachen und es auf Wachstumskurs zu halten. Das hat mein Vater von mir erwartet und das habe ich dann auch gern gemacht.

Aber ich fühlte auch eine Verpflichtung, als ältester Sohn mit dem Unternehmen weiterzumachen.

War es nur Ihre Position als Erstgeborener, weshalb Ihre Eltern erwartet haben, dass Sie in die Fußstapfen des Vaters treten? Oder waren es auch Ihre Fähigkeiten, Ihre Art?

▶ Wir sind drei Brüder und vier Schwestern. Nach der Vorstellung unseres Vaters waren für die Nachfolge bei einem Unternehmen eigentlich nur die männlichen Nachkommen vorgesehen. Denn man wusste nicht, wen die Töchter einmal heiraten würden.

Davon einmal abgesehen – wären Ihre Schwestern gute Unternehmerinnen geworden?

▶ Teilweise wären sie sehr geeignet gewesen. Aber sie haben eben einen anderen Weg genommen, weil er damals so vorgegeben war. So lief es dann auf uns Brüder hinaus.

Ihre Brüder haben sich in der Öffentlichkeit kaum blicken lassen.

▶ Wir wurden gleichberechtigt persönlich haftende Gesellschafter. Ich war das Gesicht in der Werbung, habe auch immer mit den Medien gesprochen. Mein Motto war: Wer fragt, bekommt auch eine Antwort. Meine Brüder haben oder hatten auch wichtige Funktionen, aber eben eher intern. Mein nächstjüngerer Bruder Georg ist leider krank geworden und hat dann nicht mehr in der früheren Funktion für das Unternehmen gearbeitet. Diesen Oktober ist er verstorben. Mit meinem Bruder Paulus habe ich noch lange Jahre das Unternehmen gemeinsam geführt. Er ist zwölf Jahre jünger und weiterhin aktiv.

Welche beruflichen Wege haben Ihre anderen Geschwister eingeschlagen?

▶ Meine älteste Schwester war sprachlich und literarisch sehr begabt. Sie hat für Zeitungen geschrieben. Die nächstältere Schwester ist Apothekerin geworden. Sie hätte auch sehr gut ins Unternehmen gepasst. Die darauffolgende Schwester hat die Hotelfachschule besucht und in der Gastronomie gearbeitet. Sie war dann lange bei uns in der Entwicklungsabteilung tätig. Die jüngste Schwester war eher künstlerisch interessiert.

»Wir sind drei Brüder und vier Schwestern. Nach der Vorstellung unseres Vaters waren für die Nachfolge bei einem Unternehmen nur die männlichen Nachkommen vorgesehen.«

Familie Hipp 1956 bei einem Ausflug in den Chiemgau (Claus Hipp 2. von links)

Studentenjahre: Vorgezeichnete und zufällige Wege

Es muss schon sehr früh festgestanden haben, dass Sie die Nachfolge Ihres Vaters antreten werden. Denn als Ihr Vater starb, waren Sie 29 Jahre alt und waren schon einige Jahre lang auf die Nachfolge vorbereitet worden.

▶ Nach dem Abitur hat mein Vater mich gefragt: »Willst du arbeiten oder studieren?« Ich habe gesagt, ich wolle studieren. Das führte zu der nächsten Frage: »Wie lange dauert das?« Ich habe geantwortet, dass ich schon vier Jahre brauchen werde. Dann hat mein Vater gesagt: »Gut, dann hast du vier Jahre. Wenn du dann fertig bist, kannst du hier einsteigen; wenn nicht, dann war's das.« Bloß wusste ich da noch gar nicht, was ich studieren sollte. In meiner Verzweiflung bin ich dann an der Münchner Uni einem Klassenkameraden in die Arme gelaufen. Der hat mich mitgenommen in eine Vorlesung über Rechtsgeschichte bei Professor Englisch. Das fand ich ganz gut, das habe ich verstanden. Irgendwie war es so wie in der Schule. Also habe ich mich für Jura eingeschrieben. Der Klassenkamerad ist dann ein guter Orthopäde geworden. Und ich ein Unternehmer – aber mit Jura-Abschluss.

Sie haben auch einmal überlegt, ein landwirtschaftliches Studium aufzunehmen. Warum haben Sie das dann doch nicht gemacht?

▶ Ich hatte einen Mentor in der Schweiz, Dr. Hans Müller. Er war der Begründer des Biolandbaus. Von ihm habe ich unglaublich viel über Landwirtschaft gelernt. Allerdings fürchtete er, dass ich in die konventionelle Landwirtschaft gehen würde, wenn ich Agrarwissenschaften studiere. Er war der Ansicht, dass es stattdessen Leute brauche, die für den biologischen Landbau kämpfen. Was ich an fachlichen Dingen über die Landwirtschaft wissen müsste, so sagte er, könne auch er mir beibringen.

Wie konnte Hans Müller Sie unterrichten? Sie hatten doch genug mit Schule und Studium zu tun.

▶ Sein Unterricht fand beim Abendessen statt, wenn er bei uns zu Besuch war. Und wenn ich zusammen mit ihm zu Landwirten rausgefahren bin und wir mit ihnen über Biolandbau gesprochen haben.

Und dann sind Sie auch noch regelmäßig in die Kunstschule gegangen?

▶ Ja, nach der Schule.

Es war damals nicht unbedingt das Naheliegendste, ein Kind in die Kunstschule zu schicken. Wie sind Sie dort gelandet?

▶ Es gibt bei uns in der Familie eine künstlerische Tradition. Mein Vater hat erfolgreich Bilder gemalt und auch schon mein Großvater. Mütterlicherseits gab es auch einige studierte Maler, Porträtmaler etwa oder Landschaftsmaler, Kirchenmaler, Dekorationsmaler. Einer der Vorfahren, der Kirchenmaler war, hat einmal eine Kirche in der Nähe von Solothurn hergerichtet. Aber der Pfarrer hat ihn nicht bezahlt. Dann hat er gesagt: »Dann lasse ich es eben halb fertig stehen.« Sie haben dann hin und her verhandelt. Am Ende hat der Maler gesagt, er würde die Kirche fertigstellen, wenn er das Brett bekomme, das hinter der Orgel steht. Das Brett war eine Madonna von Holbein. Er hat das Bild bekommen und seine Arbeit fertig gemacht.

Eine Holbein-Madonna? Die Bilder gehören heute zur wertvollsten Kirchenkunst der Welt. Danach musste Ihr Verwandter wahrscheinlich keine Kirchen mehr restaurieren!

▶ Nein, er hat sich nicht bereichert. Er hat sie nur vor dem Verfall gerettet. Das Gemälde wurde später in Augsburg restauriert und wieder in die Schweiz gebracht. Heute hängt es im Solothurner Museum.

Bei so vielen Malern und Kunstinteressierten müsste trotzdem ein kleiner Kunstschatz in der Familie Hipp zusammengekommen sein.

▶ Eigentlich nicht. Wir haben selbst viel gemalt, waren aber keine Sammler. Ich kaufe öfter Kunst, aber vor allem von Studenten, um sie zu fördern. Was ich mit dem Verkauf der eigenen Bilder verdiene, gebe ich wieder für die Unterstützung junger Künstler aus. Aber ich habe keine große und wertvolle Kunstsammlung wie einige andere Unternehmer.

Sie haben auch mal ein bisschen mit der Schauspielerei geliebäugelt. Wie kam es dazu?

▶ Nun, ich habe während des Studiums beim Film gearbeitet, vor allem wenn es mit Reiten zu tun hatte, weil ich schon länger im Reitsport aktiv war. Das war auch nötig.

Ach so, Sie brauchten das Geld.

▶ Ja, klar, das war eine wichtige Geldquelle für mich.

Dann sagen Sie doch mal, was hat denn ein kleiner Reit-Stunt so eingebracht?

▶ Was ich genau bekommen habe, weiß ich nicht mehr. Ich habe eben Stürze und solche Sachen gemacht oder andere Tricks mit Pferden.

»Mein Vater hatte nichts gegen das Schauspielen. Er hat gesagt: ›Frei reden, vor Menschen auftreten, das kann man immer brauchen.‹«

Claus Hipp und Filmstar Liselotte Pulver 1959 bei Dreharbeiten zu dem Film »Gustav Adolfs Page« – Hipp war als Stuntman engagiert

Ihre Ambitionen für das Schauspielen stießen bei Ihrem Vater wahrscheinlich nicht auf Begeisterung. Er muss befürchtet haben, dass er seinen potenziellen Nachfolger an die Schauspielerei verliert.

▶ Nein, gegen das Schauspielen hatte er nichts. Er hatte früher selbst als Laie viel Theater gespielt. Sogar eine einjährige Ausbildung in der Schauspielerei hätte er mir genehmigt. Er sagte: »Frei reden, vor Menschen auftreten, das kann man immer brauchen.«

Sie können den Unternehmer wirklich nicht verleugnen. Für das Reiten haben Sie Geld bekommen und auch mit den Pferden haben Sie Geld verdient.

▶ Ich habe mir eine Zucht aufgebaut, das stimmt. Die Pferde habe ich selbst zugeritten und dann verkauft. Das fing irgendwann an, weil ich ein besseres Pferd haben wollte. Ich habe meines zum Verkauf ausgeschrieben und dann hat sich Eberhard von Brauchitsch gemeldet. Er war ein Wirtschaftsmann, die rechte Hand des Industriellen Friedrich Flick …

… und später die zentrale Figur des Flick-Parteispenden-Skandals.

▶ Ja. Ich habe ihn jedenfalls im Büro meines Vaters in München empfangen und wir haben eine Stunde lang über den Kauf verhandelt. Mein Vater hatte mir das Büro überlassen, aber nach einer Stunde kam er dann herein und sagte: »Ihr müsst jetzt langsam mal zum Ende kommen.« Ich glaube, Herr von Brauchitsch hatte einfach Freude daran, mit einem Kind zu verhandeln.

Und so ging es dann weiter? Sie haben Pferde gekauft und mit Gewinn weiterverkauft?

▶ Ja, so habe ich mir eine Pferdezucht aufgebaut.

Betreiben Sie die heute noch?

▶ Die Zucht ist nicht mehr hier, sondern bei meinem Sohn Stefan, der in den Masuren in Polen einen Biobetrieb hat. Das ist dort auch ideal für die Pferdezucht.

Ihr Vater hatte Ihnen ein Limit von vier Jahren gesetzt für das Studium. Haben Sie das geschafft?

▶ Zwar habe ich kein berühmtes Examen gemacht, aber ich habe es in kurzer Zeit hinbekommen.

Und Sie haben es geschafft zu promovieren? Wie das?

▶ Für eine Promotion in München haben meine Noten nicht gereicht. Also bin ich nach Köln gegangen und habe mir einen Termin bei Professor Nipperdey, der sehr berühmt war und viele Doktoranden hatte, geholt. Als er sah, dass ich kein tolles Staatsexamen hatte, hat er mich gefragt, was ich sonst noch so zu bieten hätte. Zum Beispiel, welche Sprachen ich spreche. Dass ich Russisch spreche, fand er gut, denn er hatte ein Buch über russisches Arbeitsrecht geschrieben. So gab er mir das Dissertationsthema »Die Arbeitsverfassung der Sowjetunion«. Ich habe die Arbeit geschrieben, er hat sie korrigiert, dann wollte er noch eine Arbeit zur Rolle der sowjetischen Gewerkschaften. Das habe ich auch noch gemacht und dann ist er gestorben. Also musste ich mir einen neuen Doktorvater suchen, aber in Köln gab es keinen Professor, der mich mit diesem exotischen Thema genommen hätte. Für mich war es an dieser Stelle vorbei mit der Promotion.

Sie sind aber promoviert. Wie haben Sie die Kurve gekriegt?

▶ Irgendwann hatten wir in der Firma ein Hochwasser. Im Keller lag meine Doktorarbeit und wurde nass. Eine Mitarbeiterin hat sich die Mühe gemacht, die Arbeit zu retten. Sie hat die einzelnen Seiten im

Gang zum Trocknen ausgelegt. Das hat mir dann natürlich die ganze Arbeit wieder in Erinnerung gerufen. Als ich dann mal in Salzburg war, kam in einer Runde das Gespräch darauf, wie schwer es die Professoren mit den heutigen Studenten hätten. Da habe ich mir erlaubt zu sagen, dass es aber auch Studenten schwer haben mit ihren Professoren, und habe die Geschichte meiner Promotion erzählt. Einer der Zuhörer bot an, er könne mal schauen, ob man in Salzburg vielleicht einen Professor für mich finde. Und so bin ich an den Professor Putzer gekommen. Als ich ihn zum ersten Mal gesehen habe, bin ich furchtbar erschrocken. Denn er hatte eine faustgroße Delle im Kopf. Da war einfach ein Loch. Aber er war gescheit und wir kamen miteinander klar. Allerdings musste ich noch einmal studieren und Klausuren in Kirchenrecht, Völkerrecht und Rechtsgeschichte schreiben, um an dieser Uni promovieren zu dürfen. Schließlich ging es an die mündliche Prüfung. Ich habe den Professor gefragt, auf welche Themen ich mich denn einstellen müsste. Er erwiderte: »Von Ihnen möchte ich etwas, was Sie in der Literatur wahrscheinlich sowieso nicht finden. Aber Sie werden das schon irgendwie schaffen. Mich würde interessieren, wie im Kommunismus verschiedene demokratische Bewegungen überlebt haben.«

Googeln ging damals noch nicht …

▶ Nein. Ich war also ratlos. Dann aber habe ich Gabriela von Habsburg getroffen und ihr das alles erzählt. Sie hat gesagt: »Das ist gar kein Problem, da fragen wir meinen Vater, der hat das alles drauf, der spricht ja immer darüber.«

Wer war der Vater?

▶ Dr. Otto von Habsburg, der älteste Sohn des letzten Kaisers von Österreich. In den 1980er- und 1990er-Jahren saß er für die CSU im

Europäischen Parlament. Wir haben ihn vom Flughafen abgeholt, ich habe ihm ein Tonbandgerät hingehalten und er hat geredet und geredet und geredet. Gott sei Dank war viel Stau. So hatte ich am Ende eineinhalb Stunden Referat über demokratische Bewegungen im Kommunismus auf Band.

Ich hatte verstanden: Reden können ist auch wichtig.

Das Examen war also gerettet?

▶ Nicht ganz. Beim mündlichen Examen habe ich gemerkt, dass sich der Professor nicht mehr daran erinnerte, was er mir als Thema gegeben hatte. Stattdessen wollte er nun von mir einen Bericht über die unterschiedliche Stellung des Arbeitnehmers im Kaiserreich und im Kommunismus. Dazu hatte ich natürlich nichts vorbereitet und musste mir etwas aus den Fingern saugen. Ich bin aber mit der Note »gut« rausgegangen und hatte verstanden: Reden können ist auch wichtig.

Warum haben Sie Jura studiert und auch noch promoviert, wenn doch immer klar war, dass Sie in der Firma landen würden? Oder haben Sie insgeheim mit einem anderen Weg geliebäugelt?

▶ Nein, nie. Beim Staatsexamen war ein Prüfer aus der Justiz dabei. Der wollte wissen, was ich später einmal machen wollte. Da bin ich dem Rat von anderen Studenten gefolgt und habe geantwortet, ich wolle vielleicht in der Verwaltung arbeiten. Da hat er gesagt: »Sie werden doch nicht so blöd sein und in die Verwaltung gehen!« Ich solle nach Hause gehen, hat er gesagt, und für mein Unternehmen arbeiten. Dummerweise wusste er, wer ich war.

Sie waren 29 Jahre alt, als Ihr Vater völlig überraschend an einem Herzinfarkt verstorben ist und Sie Chef werden sollten. War das

ein Wendepunkt für Sie? Oder einfach nur ein weiterer Schritt auf einem vorgezeichneten Lebensweg?

▶ Danach habe ich noch oft geträumt, dass ich am Schreibtisch sitze, mein Vater ins Zimmer kommt und seinen Platz wieder einnehmen möchte. Da hatte ich wohl ein paar Dinge noch nicht ganz verarbeitet. Aber ein wirklicher Wendepunkt war der Tod meines Vaters in dieser Hinsicht nicht, denn es war einfach logisch, in seinem Sinne weiterzumachen. Mein Vater hatte mir einmal erzählt, wie sein Vater gestorben war. Da war er auch noch relativ jung. Wie der Großvater dann da tot im Bett lag, hat mein Vater gedacht: »Jetzt bin ich endlich mal frei.«

Das ist schlimm.

▶ Man muss wissen: Mein Großvater war sehr streng mit meinem Vater. Er hat ihm kaum Freiraum gelassen. Als mein Großvater einmal krank war und Kostprobenbeutel im Betrieb gepackt werden mussten, hatte mein Vater eine gute Idee. Er fand es umständlich, dass die Packungen oben zugeklebt werden mussten, und besorgte einen Apparat, mit dem man die Packungen oben zuklammern konnte. Als mein Großvater wieder in den Betrieb kam und den Apparat sah, war er furchtbar wütend. Er nahm das Ding und warf es unter ein Sofa. Er war empört, dass mein Vater dafür Geld ausgegeben hatte – vor allem auch, ohne ihn um Erlaubnis zu bitten. Mein Vater war tieftraurig, weil er es für eine gute Idee gehalten hatte. Als er später von seiner Wanderschaft als Geselle zurückkam, musste er feststellen, dass man den Apparat wieder hervorgeholt hatte und die Päckchen nun immer klammerte.

War Ihr Vater mit Ihnen auch so streng?

▶ Weniger streng als der Großvater. Aber ich empfand es trotzdem als sehr strikt. Vielleicht habe ich das auch gebraucht. Aber ich war mit meinen Kindern sicherlich nicht so streng.

Wie war Ihre Mutter? Auch streng?

▶ Nein, meine Mutter war ein sensibler Mensch, sehr empfindsam. Sie kam teils aus der Landwirtschaft, teils aus dem Schweizer Großbürgertum. Einmal, als ich noch ein Kind war, ist bei uns ein Lastwagen gegen einen Birkenbaum gefahren und dann stand die Rinde am Stamm richtig ab. Ich habe die Rinde dann ganz abgerissen, weil ich das Holz darunter so schön fand, diese rosa Farbe. Da hat mich meine Mutter an den Haaren gezogen und gesagt: »Schau, dem Baum tut das genauso weh wie dir jetzt.«

Das ist ein ziemlich romantisches Bild von einem Baum.

▶ Ja. Das war damals ungewöhnlich. Aber ich habe es nie vergessen. Meine Mutter war es, die mir den Respekt vor jeder Pflanze und vor jedem Tier, und sei es noch so klein, beigebracht hat.

Kommen wir noch mal zu Ihrem Studium. War Jura eigentlich das richtige Fach, um den Betrieb zu führen? Wäre Wirtschaft nicht besser gewesen?

▶ Im Nebenfach habe ich Volkswirtschaft studiert. Die Betriebswirtschaft habe ich zu Hause im Unternehmen gelernt, jeden Abend beim Abendessen mit den Eltern.

Sorgen um die Firma, um den richtigen Kurs waren eigentlich immer da.

Bei solchen Abendessen, bei denen es um die Firma geht, kann es auch sehr kontrovers zugehen. Wie war das bei Ihnen?

▶ Sorgen um die Firma, um den richtigen Kurs waren eigentlich immer da. Nennen Sie mir ein Familienunternehmen, bei dem das nicht so ist. Die Angst, dass etwas misslingt, dass ein Fehler passiert, dass es einen wirtschaftlichen Einbruch gibt, das gehört einfach dazu.

»Nach dem Tod meines Vaters habe ich noch oft geträumt, dass ich am Schreibtisch sitze, mein Vater ins Zimmer kommt und seinen Platz wieder einnehmen möchte.«

Claus Hipp übernahm als 29-Jähriger die Firmenleitung, nachdem sein Vater früh und völlig überraschend gestorben war

Einsatz auf allen Ebenen

Direkt nach dem Krieg stand der Firma das Wasser bis zum Hals. Gab es später noch mal so kritische Zeiten?

▶ Früher hatten wir den Vertrieb über den Fachhandel organisiert, also über Apotheken und Drogerien. Unser Wettbewerber Alete, der damals zu Nestlé gehört hat, hat dagegen über den Lebensmittelhandel vertrieben. Wir hatten also rund 21.000 Geschäfte, der Wettbewerber über 100.000. Dann aber haben die großen Lebensmittelhändler Drogerieabteilungen eingerichtet, die wir natürlich beliefern mussten. Damit wurde unsere Bindung an den Fachhandel aufgeweicht und wir haben dort Umsatz verloren. Das über den Lebensmittelhandel hinzugewonnene Geschäft konnte die Verluste im Fachhandel nicht ausgleichen. Unser Marktanteil ist von Quartal zu Quartal gesunken und wir haben richtig Sorgen gehabt. Die anderen waren einfach stärker.

Wie haben Sie die Kurve gekriegt?

▶ Wir haben uns an den biologischen Landbau erinnert, haben uns gesagt: »Wenn wir Bioprodukte bringen, haben wir etwas, was die anderen nicht haben.« Wir haben dem Handel gesagt, dass wir dadurch teurer werden, aber dass wir Produkte haben, die konkurrenzlos sind. Der Handel fand das gut, allerdings mit Ausnahme unseres größten Kunden, mit dem wir 20 Prozent unseres Umsatzes machten. Folglich kam es zur Beendigung dieser Zusammenarbeit.

Seither gehen Sie getrennte Wege?

▶ Nein. Der Händler hat zunächst ein Konkurrenzprodukt aus Spanien bezogen, das jedoch sehr stark mit Schadstoffen belastet war. Die anderen Händler hatten ihn gewarnt, aber er hat einfach weitergemacht. Letztlich hat die Lebensmittelüberwachung diesen Spuk beendet. Zwei Jahre lang war nicht ganz klar, ob wir uns mit dem strengen Qualitätskurs durchsetzen, aber letztlich hat der Handel unsere konsequente Haltung honoriert. Wir haben wieder Marktanteile gewonnen, und der Kunde, den wir nicht mehr beliefert haben, hat gemerkt, dass ihm die Premiumkäufer wegbleiben. Die Kunden waren früher wegen unserer Babynahrung gekommen und hatten dann noch andere Dinge gekauft. Das fehlte nun dem Händler. Am Ende sind wir bei ihm wieder im Regal gewesen, und zwar zu unseren Bedingungen.

Wer war denn dieser Händler?

▶ Es gibt ihn heute nicht mehr, aber uns gibt es noch.

Neben den Herausforderungen im Unternehmen sind Sie über all die Jahrzehnte der Malerei treu geblieben. Als wäre das nicht genug, spielen Sie auch noch Oboe in einem Münchner Orchester.

▶ Ja, aber ich habe schon das Unternehmen an die erste Stelle gestellt.

Und an die zweite?

▶ Das Malen. Die Musik ist kein vergleichbar großer Aufwand. Im Münchner Behördenorchester spiele ich die zweite Oboe. Da muss ich schon auch üben, aber da hält sich der Zeitaufwand in Grenzen.

Wer ist eigentlich Ihr liebster Komponist?

▶ Also, ich habe Brahms sehr gerne, weil er viele schöne Stellen für die Holzbläser komponiert hat und ich seit meiner Kindheit Oboe spiele. Mir ist aber natürlich die ganze Klassik nah. Bach schätze ich auch besonders hoch.

Was ist mit Pop, Rock, Jazz?

▶ Die Zeit, in der ich mich der leichteren Musik genähert habe, habe ich lange hinter mir gelassen.

Das Unternehmen und die Kunst waren Ihnen nicht genug. Von 1998 bis 2004 waren Sie zusätzlich noch Präsident der Bayerischen Industrie- und Handelskammer sowie Vizepräsident des Deutschen Industrie- und Handelskammertags. Wie viel Zeit kostet so ein Job?

▶ Etwa ein Fünftel meiner Zeit habe ich dafür schon aufgebracht.

Warum übernimmt man so ein Amt?

▶ Irgendwann saß mein Vorgänger hier im Büro und hat erklärt, dass er einen Nachfolger suche. Ich sei sein Wunschkandidat, sagte er. Ich habe darum gebeten, einen Tag darüber nachdenken zu dürfen, dann habe ich zugesagt. Ich war nie bei der Bundeswehr und dachte nun, ich müsse auch mal was für den Staat tun.

Waren Sie für so eine Funktion in einem Wirtschaftsverband nicht etwas zu grün angehaucht?

▶ Natürlich war das zunächst ein Problem für den DIHK. Man hat mich sehr stark ausgefragt im Vorfeld, wie ich bei solchen Fragestellungen reagieren würde. Ich habe gesagt, dass ich eine persönliche Meinung habe, die fest ist. Aber wenn ich die Interessen der Allgemeinheit zu vertreten habe, dann kann ich das schon auch machen.

Rückwirkend waren sie beim DIHK froh, dass sie ökologische Themen besetzen konnten mit jemandem, der das auch glaubwürdig vertreten konnte.

Aber immer harmonisch wird es nicht zugegangen sein. Zwischen Gentechnik und Biolandbau gibt es keinen Mittelweg.

▶ Das ist ein gutes Beispiel. Ich war gegen grüne Gentechnik, aber wir hatten auch Mitgliedsunternehmen aus der Großindustrie, denen an Gentechnik sehr gelegen war. Da musste ich dann sagen, dass ich die Meinung der Großindustrie nicht teile. Dass man persönlich eine andere Meinung hat, muss einem aber in einer solchen Funktion nicht daran hindern, auch diese Unternehmen zu vertreten.

Hatten Sie eigentlich jemals eine Krise, in der Sie sich fragten, ob Sie auf dem richtigen Weg sind, ob das Unternehmertum wirklich das Richtige für Sie ist?

▶ Nein, dieser Weg war für mich selbstverständlich. Mein Vater hat gesagt: »Mach die Kunst nebenbei. Du hast ein gutes Unternehmen, aus dem kannst du etwas machen. Ob du auf dem anderen Sektor so erfolgreich sein wirst, das weißt du nicht.«

Unternehmerfamilie und Familienunternehmen

Sie leben mit Ihrer Tochter und deren Familie gemeinsam auf einem Bauernhof. Wie muss man sich das konkret vorstellen?
▶ Das sind zwei Häuser, die ungefähr 30 Meter voneinander entfernt sind. Man kann sich gegenseitig ins Fenster schauen, und man kann hören, wenn irgendwo geschrien wird *(lacht)*.

Es soll ja öfter vorkommen, dass geschrien wird, wenn mehrere Generationen unter einem Dach wohnen …
▶ Also, bei uns funktioniert das Zusammenleben. Es ist mir auch sehr wichtig, dass es so ist, wie es ist. Die Enkel freuen sich, wenn sie mich sehen, und ich freue mich, wenn ich die Enkel sehe.

Sie waren nach außen immer der Patriarch von Hipp. Von anderen Familienmitgliedern hat die Öffentlichkeit so gut wie nichts mitbekommen.
▶ Die Öffentlichkeit muss ja nicht verwirrt werden. Es reicht, wenn einer sein Gesicht für die Firma hinhält. Das muss man mögen und es hat auch nicht nur Vorteile.

Bei Ihren Söhnen Stefan und Sebastian ist es wieder genauso. Nur Stefan tritt öffentlich auf.
▶ Ja. Trotzdem sind wir ein Familienunternehmen, in dem mehrere Familienmitglieder aktiv sind. Wenn es viele Tüchtige in der Familie

gibt, dann gibt es viele, die Funktionen im Unternehmen haben. Wenn es nur wenige gibt, haben nur wenige eine Funktion. Und wenn es gar keine gibt, brauchen wir externe Manager. Aber die Familie hat nur einen Sprecher. Für gewöhnlich gibt es auch nur einen Papst.

Am Ende soll es einer sein, der entscheidet?

▶ Wir haben gemeinsam entschieden, dass einer aus der Familie für das Unternehmen in der Öffentlichkeit steht. Das war bis vor ein paar Jahren ich, jetzt ist es mein ältester Sohn. Lieber ein Gesicht im Vordergrund und die Ideen von vielen Köpfen im Hintergrund als umgekehrt.

Die Operativen im Unternehmen dürfen von den Nicht-Operativen nicht überstimmt werden können.

Haben Sie bereits Firmenanteile abgegeben?

▶ Ja, ich gebe lieber mit warmer Hand als mit kalter.

Fühlten Sie sich befreit, als Sie die Last des operativen Chefs abgegeben hatten?

▶ Nein, »befreit« ist das falsche Wort. Jetzt fühle ich mich wie der Austragsbauer, der seine Arbeitskraft noch einbringt, sollte das gefragt sein, der aber auch nicht alles selbst machen muss. Es ist mir eine Freude zu sehen, dass die Kinder so tüchtig geworden sind und das Unternehmen mit Begeisterung weiterführen. Mit 50 Jahren sind die Reserven größer als mit 80.

Wer hält nun wie viel am Unternehmen?

▶ Mir ist sehr wichtig, dass die Operativen im Unternehmen von den Nicht-Operativen nicht überstimmt werden können. Wer arbeitet und das Risiko hat, der soll auch das Sagen haben. Aber wer wie viel hält, möchte ich nicht öffentlich diskutieren.

»Jetzt fühle ich mich wie der Austragsbauer, der seine Arbeitskraft noch einbringt, sollte das gefragt sein, der aber auch nicht alles selbst machen muss.«

In den vergangenen Jahren hat Claus Hipp schrittweise die Verantwortung und die Geschäftsanteile an seinen Sohn und Nachfolger Stefan Hipp übergeben

Stefan und Sebastian Hipp sind aber die Haupteigentümer?

▶ Stefan macht den Vertrieb und das Marketing, tritt auch in der Werbung auf. Sebastian leitet die Produktion, die IT und das Personalwesen. Die teilen sich das gut auf, entsprechend ihren unterschiedlichen Veranlagungen. Jeder macht das, was er richtig gut für das Unternehmen leisten kann.

Könnten weitere Personen in das Führungsteam einsteigen?

▶ Bei 14 Enkelkindern mache ich mir um die Zukunft keine Sorgen. Die ganz Kleinen sind ein Jahr alt, andere kommen gerade in die Schule, die Größte macht jetzt Abitur. Es wird noch einige Jahre dauern, bis sich abzeichnet, ob sie im Unternehmen eine Rolle spielen wollen. Vielleicht tut sich irgendwann ein sehr tüchtiges Enkelkind hervor. Bei gleicher Qualifikation hat auf jeden Fall die Familie Vorrang.

Es gibt Familienunternehmen, die werden von einer Art Familienrat kontrolliert. Der trifft sich mehrfach im Jahr und legt die grobe Strategie fest. Gibt es das bei Ihnen auch?

▶ Es gibt gewisse Gelegenheiten, bei denen sich die gesamte Familie trifft. Das ist immer nach Weihnachten, das ist am Nikolaustag oder auch aus Anlass einer Taufe, Erstkommunion oder Firmung. Aber wir treffen uns auch außerplanmäßig das ganze Jahr über.

Ist der Kreis noch übersichtlich oder schon so groß, dass man kaum etwas gemeinsam entscheiden kann?

▶ Die Familie wird immer größer, ist aber schon noch überschaubar. Teile entfernen sich eher von der Firma, möchten damit nicht allzu viel zu tun haben. Aber das ist ganz normal bei einer wachsenden Familie. Wenn es etwas Wichtiges gibt, sind alle ganz schnell informiert. Ansonsten fallen die operativen Entscheidungen hier in der Firma.

Sie haben nun schon einige Familiengenerationen erlebt. Wie unterscheiden sie sich?

▶ Es ist uns schon gelungen, Grundsätze der Gründergeneration, die aus dem Handwerk kam, am Leben zu erhalten. Der wichtigste Grundsatz: Wir wollen immer beste Produkte zu einem gerechten und erschwinglichen Preis anbieten. Mein Vater, Georg Hipp, hat das gemacht, wir haben es gemacht und die nächste Generation macht es auch. Was die Generationen vielleicht unterscheidet, ist die Bereitschaft, sich für das Unternehmen aufzuopfern. Jedes Familienmitglied ist sich seiner Verantwortung bewusst: für die Mitarbeiter und das Unternehmen als Ganzes. Gleichzeitig versuchen wir, dass wir unsere Familien nicht zu kurz kommen lassen. Mein Vater ist uns mit seinen nur 62 Lebensjahren eine ständige Mahnung.

Sie haben sich aber auch nicht geschont.

▶ Jahrelang bin ich um 4.30 Uhr aufgestanden, um mein Tagespensum zu schaffen. Heute mache ich das nicht mehr so streng, wobei es damals eigentlich gar nicht schlecht war. Da haben die Mitarbeiter von der Frühschicht immer gesehen, dass der Wagen vom Chef auch schon da ist – und nicht nur der Wagen.

Ihr Vater hat Sie stark geprägt, denn Sie sind in seine Fußstapfen getreten. Aber welche Rolle spielten die Frauen in Ihrem Leben, Ihre Mutter, Ihre Frau, Ihre Töchter?

▶ Meine Mutter hat mir die Beziehung zur Natur von klein auf beigebracht, weil sie aus der Landwirtschaft kam. Der biologische Landbau bei Hipp geht schlussendlich auf meine Mutter zurück. Sie war Schweizerin und deswegen ist meine Persönlichkeit auch von der Schweiz geprägt. Das Streben nach Freiheit, nach Unabhängigkeit, der Mut, sich gegen Stärkere zu wehren und nicht zu verzweifeln,

»Wir versuchen, dass wir unsere Familien nicht zu kurz kommen lassen. Mein Vater ist uns mit seinen nur 62 Lebensjahren eine ständige Mahnung.«

Claus Hipp mit seinen Kindern

das habe ich ihr zu verdanken. Meine Ehefrau war als professionelle Springreiterin sehr erfolgreich. Sie war deutsche Meisterin und ist Europameisterschaften geritten. Manche Jahre sind wir in Turnieren zusammen angetreten. Das war sicherlich auch prägend für mich, denn im Sport lernt man viel fürs Leben. Meine Töchter sind ebenfalls wichtig für mich, denn sie sind meine besten Kritiker. Sie trauen sich, alles zu sagen – das braucht man auch.

»Meine Töchter sind meine besten Kritiker. Sie trauen sich, alles zu sagen – das braucht man auch.«

Claus Hipp mit seinen Töchtern

Diejenigen, die mehr Verantwortung tragen, sollten ruhig auch mehr haben.

Wie haben Sie abgesichert, dass das Unternehmen in Ihrem Sinne weitergeführt wird? Manche Unternehmer bauen dafür sehr komplizierte Stiftungsmodelle auf.

▶ Es lohnt sich, die Nachfolge sehr früh zu regeln, indem man die möglichen Nachfolger für das Unternehmen begeistert. Wichtig ist vor allem die Einstellung zu den Menschen. Jemand, dem es an der fachlichen Qualifikation mangelt, kann trotzdem der Richtige für das Unternehmen sein, wenn er die richtige Einstellung zu den Menschen mitbringt. Von irgendwelchen Stiftungsmodellen halte ich wenig. Eine Verteilung in der Familie nach Köpfen – und darum geht es bei solchen Modellen ja häufig – ist nicht gerecht. Diejenigen, die mehr Verantwortung tragen, sollten ruhig auch mehr haben. Die unternehmerische Aufgabe besteht nicht darin, komplizierte Stiftungen ins Leben zu rufen, sondern die nächste Generation für das Unternehmen zu begeistern und zu qualifizieren.

»Meine Frau war deutsche Meisterin und ist Europameisterschaften geritten. Manche Jahre sind wir in Turnieren zusammen angetreten.«

Claus Hipp und seine Frau Ute auf dem familieneigenen »Ehrensberger Hof« nahe Pfaffenhof – die beiden haben sich über den Reitsport kennengelernt

Nicht jeder hat das Gefühl, dass die nächste Generation der Aufgabe gewachsen ist.

▶ Klar, wer keine Nachfolge aus der Familie hat, muss das Unternehmen in fremde Hände geben und kann es mit einer Stiftung absichern. Aber ich habe leider auch viele Fälle von Familienunternehmen gesehen, in denen versucht wurde, externe Manager mit einem goldenen Handschlag wieder loszuwerden, weil es überhaupt nicht funktioniert hat. Wenn einer mal den Richtigen findet, dann hat er wirklich Glück gehabt.

Über Familienunternehmen gibt es den bösen Spruch: Die erste Generation baut auf, die zweite verwaltet, die dritte zerstört. Ist da was dran?

▶ Das gibt es sicherlich. Aber auch dieses Szenario ist verbreitet: Die erste Generation experimentiert in der Waschküche und fängt irgendwas an, die zweite baut einen Betrieb auf mit einer Villa auf dem Firmengelände, die dritte Generation wohnt nicht mehr in der Villa, weil es zu laut ist, sondern irgendwo in einer schicken Wohngegend und verliert langsam den Bezug zum Unternehmen, die vierte Generation lebt noch von den Gewinnen der Firma, hat aber keinen großen Einfluss mehr. Eine Unternehmerin, die ich kenne, hat einmal gesagt: Die erste Generation baut auf mit tüchtigen Männern und Frauen, die nächste Generation sucht sich dann nur noch schöne Männer und Frauen aus, die aber blöd sind. Dann geht es schon in der zweiten Generation runter. Wir aber sind jetzt in der vierten Generation und es geht weiter aufwärts. Diese Beispiele gibt es also auch, sind aber für die Boulevardpresse vielleicht weniger spannend.

Bei Ihnen sind alle klug – und schön!

▶ Wenn Sie das so sehen, werde ich Ihnen nicht widersprechen.

Sie haben neben dem Hauptsitz in Pfaffenhofen auch einen Firmensitz in der Schweiz. Dort sitzt die Holding Ihres Unternehmens. Ist denn Bayern kein guter Standort dafür?

▶ Die Hälfte meiner Familie sind Schweizer, weil meine Mutter Schweizerin war. Deshalb sind wir gerne in der Schweiz. Wir haben einen EU-Standort hier und einen Nicht-EU-Standort, der ist in der Schweiz. So ist international vieles besser abzuwickeln …

… und steuerlich günstiger?

▶ Nein, Steuervorteile haben wir keine, denn die Gewinne werden jeweils in den Ländern versteuert, in denen sie erwirtschaftet werden. Aber von der Organisation her ist das besser.

Wäre Hipp verkäuflich, sofern der Preis stimmt?

▶ Wir denken nicht ans Verkaufen. Solange wir es erfolgreich machen können, machen wir es lieber selbst.

Wie oft sind Ihnen denn schon schöne Angebote ins Haus geflattert?

▶ Das ist laufend der Fall, was ich so interpretiere, dass wir gut sind. Wenn uns keiner mehr will, dann machen wir was falsch.

Sie sprachen es schon an: Jetzt ist die vierte Generation am Ruder. Wie denkt diese Generation über das Unternehmen?

▶ Da fragen Sie am besten meinen Sohn …

2017 trat der nächste Hipp aus dem Schatten des Patriarchen Claus Hipp: sein Sohn Stefan. Schon lange in der Firma tätig, ist er es nun, der in der Werbung »mit seinem Namen« für die Qualität in Breigläschen, Cremetöpfchen, Saftflaschen und Windelkartons steht. Stefan Hipp hat viel vor, will die Lieferanten zu mehr Artenschutz motivieren, die gesamte Produktionskette vom Bauern bis zur Entsorgung klimaneutral machen und alle Verpackungen so recyclingfähig wie die Gläschen. Dabei ist der passionierte Reiter und Biolandwirt gut geerdet, kein grüner Träumer. Ohne Verschnaufpause lanciert er immer wieder neue Produkte, testet die Dehnbarkeit der Marke, bedient von acht Produktionsstätten in sieben Ländern praktisch ganz Europa und Asien, und versucht, das Unternehmen in den Coronawirren auf Kurs zu halten. Ein Buch über Claus Hipp – undenkbar ohne ein Gespräch mit dem Sohn.

ZWEITES KAPITEL

Exkurs: Die nächste Generation – ein Interview mit Stefan Hipp

Einstieg der vierten Generation

Herr Hipp, zusammen mit Ihrem Onkel Paulus und Ihrem Bruder Sebastian leiten Sie das operative Geschäft. Eingestiegen ins Unternehmen sind Sie aber schon direkt nach dem Studium. Wäre es nicht sinnvoll gewesen, mal fünf oder zehn Jahre bei einer anderen Firma zu arbeiten? Vielleicht bei einem großen Konzern?

◆ Ob es sinnvoll gewesen wäre, kann man nur sagen, wenn man es gemacht hat. Ich habe es nie bereut, dass ich nach dem Studium nach Hause gekommen bin. Mein Vater hat mich damals gerufen, hat gesagt: »Jetzt hast du dein Examen. Wenn du willst, kannst du hier anfangen.« Einen Tag nach den Prüfungen ging es los. Er war der Auffassung, dass ich das Unternehmen zusammen mit ihm kennenlernen sollte. Inzwischen bin ich über 30 Jahre hier und kenne das Unternehmen in- und auswendig. Natürlich ist es ein anderer Druck, wenn man als Sohn des Hauptgesellschafters in das Unternehmen kommt. Aber das hat mich nie abgeschreckt. Es war mir ein Ansporn.

Hatten Sie eigentlich eine Wahl, oder war es einfach so, dass der älteste Sohn in die Fußstapfen des Vaters treten musste?

◆ Ich wollte im Unternehmen mitarbeiten, das war immer mein Ziel. Dass ich dann der war, der in der Werbung landete, hat sicher auch damit zu tun, dass ich Marketing und Vertrieb verantworte.

»Ich wollte im Unternehmen mitarbeiten, das war immer mein Ziel.«

Familie Hipp mit Vater Claus (rechts) und Sohn Stefan (2. von links) 1984 bei einer Wanderung an der Melcha, einem Gebirgsfluss in der Zentralschweiz – hier hat Claus Hipp schon als Kind gespielt

»Mein Bruder Sebastian und ich sind beide operativ verantwortliche Gesellschafter. Dass ich der bin, der in der Werbung landete, hat auch damit zu tun, dass ich das Marketing verantworte.«

Stefan Hipp mit einer Journalistengruppe auf seinem polnischen Biobetrieb – seit 2017 ist er das Gesicht von Hipp in der Werbung

Gibt es eine Hierarchie bei Ihnen und Ihrem jüngeren Bruder oder arbeiten Sie auf Augenhöhe?

◆ Nein, hier geht es nicht um Hierarchie, wir sind beide Gesellschafter. Wir machen das, was wir verantworten, jeweils mit voller Leidenschaft.

Auch Ihre Kinder kommen allmählich in das Alter, dass sich die Frage stellt, ob sie einmal im Unternehmen eine Rolle spielen wollen. Zeichnen sich da schon mögliche Nachfolger ab?

Am Ende muss jeder Einzelne für sich entscheiden, was er machen will.

◆ Meine Tochter ist noch sehr jung. Natürlich wünsche ich mir, dass sie einmal im Unternehmen tätig ist. Aber am Ende muss jede Generation und jeder Einzelne für sich entscheiden, was er oder sie machen will. Das Wichtigste ist, dass die Generation, die nachfolgt, auch glücklich wird. Wir versuchen, sie so gut wie möglich an die Werte heranzuführen, sie für das Unternehmen zu begeistern. Sicher hoffe ich, dass meine Tochter sich so sehr begeistern wird, wie ich mich für das Unternehmen begeistert habe. Aber am Ende muss und wird sie selbst entscheiden.

Ich habe gehört, Sie hätten auf dem Firmengelände Fahrradfahren gelernt und in einem Kühlbecken der Firma das Schwimmen. Das ist eine Möglichkeit, ein Kind für eine Firma zu begeistern. Haben Sie Ihrerseits auch Wege entwickelt, um Ihre Tochter ans Unternehmen heranzuführen?

◆ Ich gehe immer wieder mal mit ihr durch die Produktion, wir sprechen viel über das Unternehmen. Sie kommt mich auch im Büro besuchen. Sie begeistert sich für die Produkte. Gerade hat sie in der Schule einen Werbefilm über Hipp-Produkte gedreht.

»Natürlich wünsche ich mir, dass meine Tochter einmal im Unternehmen tätig ist; dass sie sich so sehr begeistern wird, wie ich mich für das Unternehmen begeistert habe. Gerade hat sie in der Schule einen Werbefilm über Hipp-Produkte gedreht.«

Carlotta Hipp, Tochter des Firmenchefs Stefan, 2016 an der polnischen Ostseeküste

Hipp-Produkte in Deutschland und der Welt

Wie wichtig ist Deutschland noch für Hipp?

◆ Deutschland ist nach wie vor unser wichtigster Markt. Hier sind wir klarer Marktführer mit über 45 Prozent Marktanteil im Gesamtmarkt. Bei der Beikost, wozu die klassischen Hipp-Gläschen gehören, sind es sogar über 60 Prozent. Fast die Hälfte unseres Gesamtumsatzes machen wir in Deutschland. Aber das Hauptwachstum findet im Ausland statt. Da es inzwischen wieder weniger Geburten in Deutschland gibt, ist der Gesamtmarkt rückläufig. Im Ausland und speziell in Asien ist das anders. Um in Deutschland noch wachsen zu können, sind wir deswegen schon vor Jahren in neue Produktsegmente gegangen. Vor ein paar Jahren haben wir mit Pflegeprodukten begonnen. In diesem Jahr haben wir Windeln hinzugenommen und das sieht auch ganz vielversprechend aus.

Welche Auslandsmärkte wollen Sie noch erobern?

◆ Hipp-Produkte finden Sie in allen Ländern Europas, außer in Portugal. Das hat sich noch nicht ergeben. Mittlerweile sind wir auch im Osten stark. Das stärkste Wachstum haben wir in Asien, vor allem in China, aber auch in Vietnam, Südkorea, Taiwan und auf den Philippinen. Dort gibt es zum einen starke Geburtenraten, zum anderen ändern sich die Verbrauchergewohnheiten in unserem Sinne. Unser Vertrieb konzentriert sich gerade besonders auf die Länder in Europa, auf Russland und China.

Inwiefern verändern sich denn die Verbrauchergewohnheiten dort?

◆ Nicht überall ist das Bewusstsein für die Wichtigkeit von Biolebensmitteln so stark ausgeprägt wie in Deutschland. In einigen Ländern steigt das Verständnis dafür jetzt ganz enorm. Das kommt uns natürlich zugute. Auch weil wir mit unserer über 60-jährigen Erfahrung im biologischen Landbau als Biopionier wahrgenommen werden und mit unserer Qualität überzeugen können.

Schmecken Ihre Gläschen in Asien nach Sushi und Thai-Curry?

◆ Nein. Zunächst mal ist die Milch dort unser Hauptprodukt. Sie macht knapp 90 Prozent des Marktes aus. Auf den Brei entfallen gut fünf Prozent. Und ein ganz kleiner Markt ist die Beikost, wobei wir allerdings merken, dass die Nachfrage langsam steigt. Aber daran müssen sich die Verbraucher erst noch gewöhnen. Das ist dort etwas völlig Neues.

Warum greift ein Asiate überhaupt zu einem deutschen Produkt? Es gibt doch sicherlich genügend lokale Marken.

◆ Das stimmt, davon gibt es viele. Und es sind auch alle globalen Babynahrungsanbieter dort vertreten. Aber die Qualität steht für viele Leute im Vordergrund und so sind gerade auch Bioprodukte gefragt. Da haben deutsche Produkte generell einen guten Ruf und wir mit unserer langjährigen Kompetenz im Biobereich eben umso mehr.

Konkurrieren Sie überhaupt mit den lokalen Marken oder spielen Sie in einer anderen Liga?

◆ Nein, lokale Marken sind keine direkte Konkurrenz für uns. Die sind preislich in einem ganz anderen Bereich. Wir bewegen uns klar im Premiumbereich. Das Segment ist dort aber auch hart umkämpft, denn die großen europäischen Konzerne sind ebenfalls sehr aktiv.

Vor einigen Jahren gab es in China einen Skandal mit Babymilch. Das dürfte Ihnen gut in die Hände gespielt haben.

◆ Das war eine sehr tragische Geschichte. Ein lokaler Hersteller hatte Milch mit einer schädlichen Substanz gestreckt – viele Kinder sind gestorben, Tausende erkrankt. Dadurch war das Vertrauen in chinesische Produkte sehr angeschlagen, und die chinesischen Eltern haben angefangen, deutsche Produkte zu kaufen. Die Nachfrage war so groß, dass sie vor Ort nicht bedient werden konnte und chinesische Importeure begannen, Ware in Deutschland zu kaufen. Dadurch wurden dann plötzlich die Produkte in Deutschland knapp. Der Markt für Babymilch verdoppelte sich innerhalb von zwei Jahren in Deutschland.

In Deutschland?

◆ Ja. Die chinesischen Importeure schickten Leute los, die am Montagmorgen, wenn die Ware in die Läden kam, direkt die Regale leer kauften. Sie schickten die Ware an Sammelstellen in Europa, von wo aus sie nach China verschifft wurde. Für Babymilch, die bei uns für zehn Euro verkauft wurde, haben die Verbraucher in China dann das Fünffache bezahlt.

Und die Eltern in Deutschland, kamen sie noch an die Babymilch?

◆ Oft waren die Regale tatsächlich leer. Wir konnten den erhöhten Bedarf teilweise nicht mehr decken und haben, so schnell es ging, unsere Produktionskapazitäten hochgefahren, um flächendeckende Regallücken zu vermeiden. Zwischenzeitlich haben wir den Kunden angeboten, sich mit einem Geburtsnachweis direkt an uns zu wenden. Diesen Familien haben wir dann regelmäßig Babynahrung zugeschickt. Inzwischen hat sich die Situation entspannt, weil es die europäischen Produkte jetzt verstärkt auch in China gibt und wir hierzulande höhere Produktionskapazitäten haben.

Was Chinesen in China kaufen, kommt aber weiterhin aus Deutschland, richtig? Denn ihnen geht es ja ums »Made in Germany«.

◆ Ja, absolut. Es wäre nicht sinnvoll, wenn wir in China produzieren würden. Unsere Produkte haben diese besonders hohe Glaubwürdigkeit, weil sie bei uns in Europa mit höchster Sorgfalt und aus besten Rohstoffen hergestellt wurden.

Sie sagen »Europa«. Das heißt, nicht alles, was man in China bekommt, ist aus Deutschland?

◆ Schwerpunkt unserer Produktion sind das Werk hier in Pfaffenhofen und unser Milchwerk in Herford, wo unsere Babymilch herkommt. Dann haben wir in Österreich eine Fabrik, in Gmunden, wo wir unsere Quetschbeutel und Schalenmenüs machen. In unserer ungarischen Fabrik stellen wir Glaskost vor allem für Zentraleuropa her, aber auch für westeuropäische Märkte. In Russland haben wir eine Fabrik für den russischen Markt, in der Schweiz machen wir »Müesli«. In der Ukraine produzieren wir für den lokalen Markt Tees und Wasser. Und aus Kroatien stammen die Cerealien und der Fertigbrei für die gesamte Gruppe.

Lassen sich Ihre hohen Ansprüche an die Produkte und die Bioqualität in all diesen Ländern realisieren?

◆ Ja, das geht, weil wir in allen Ländern die gleichen Qualitätsstandards haben. Da geht es nicht nur darum, wie wir produzieren, sondern auch, wie wir die Rohwaren beziehen und kontrollieren. Weltweit arbeiten wir mit mehr als 8000 Bioerzeugern zusammen, die auf über 80.000 Hektar Rohstoffe für unsere Produkte herstellen. Es gibt sehr strikte Kontrollen während jeder Produktionsphase. Sie beginnen bei der Bodenuntersuchung, der Analyse der Rohmaterialien bis hin zur Überprüfung des Endprodukts: Je nach Artikel, eingesetzten Rohstoffen und Rezeptur können bis zu 740 Kontrollen durchgeführt werden, bevor eine einzige Charge freigegeben wird. Im Rahmen unserer Qualitätssicherung werden dabei über 1200 Rückstände und Kontaminanten erfasst.

Und da vertrauen Sie nur Ihrem deutschen Labor?

◆ Es ist gut, wenn sich die Leute mit der besten Technik und der reichen Erfahrung darum kümmern. Denn die Herausforderungen werden immer größer, weil es immer mehr schädliche Einflüsse auf die Umwelt gibt. Außerdem werden die Untersuchungsmethoden immer besser. Tagtäglich beschäftigen wir uns heute mit Schadstoffen, von denen wir vor zwei oder drei Jahren noch gar nicht wussten, dass sie in der Nahrung vorkommen. Die Verbraucher erwarten von uns aber zu Recht, dass sie die reinsten Produkte von uns erhalten. Das stellt uns manchmal vor immense Herausforderungen, etwa bei der Rohwarenbeschaffung. Wenn es aufgrund von Umweltverschmutzung in fast ganz Europa keinen Spinat mehr gäbe, der unserem Qualitätsstandard entspricht, dann hätten wir ein Problem.

Die Welt und die Umwelt im Blick

Die Umweltverschmutzung steigt vor allem auch aufgrund der wachsenden Weltbevölkerung. Mehr Menschen machen mehr Dreck.

◆ Ja.

Wenn wir verantwortungsvoll mit unserer Welt umgehen, kann sie auch in Zukunft die Bevölkerung ernähren.

Aber wenn Sie wachsen wollen, brauchen Sie Länder mit positiven Geburtenraten. Ist das nicht ein Dilemma?

◆ Grundsätzlich sollte uns jeder neue Erdenbürger von ganzem Herzen willkommen sein. In Europa sinken die Geburtenraten, hier werden wir immer weniger. In anderen Regionen wächst die Bevölkerung oft stark, zum Beispiel in Afrika. Das ist sicherlich eine riesige Herausforderung. Aber wenn wir verantwortungsvoll mit unserer Welt umgehen, dann kann unsere Welt auch in Zukunft die Bevölkerung ernähren. Wir sehen, dass Klimaschutz zu einem riesigen Thema wurde, eigentlich für alle Parteien in Deutschland und für viele in Europa. Mein Eindruck ist, dass ein Umdenken stattfindet. Aber richtig ist, dass wir weiter Druck machen und wir Verbraucher auch entsprechend unsere Verhaltensweisen anpassen müssen. Viele Unternehmen machen Umwelt- und Klimaschutz aus der Verantwortung heraus, aber nicht alle Firmen können oder wollen sich das leisten. In einem Familienunternehmen lässt sich das vielleicht einfacher umsetzen. Schwierig kann es bei einem Konzern sein, der zunächst einmal die Pflicht hat, für seine Aktionäre Geld abzuliefern.

Aber ein unkontrolliertes Bevölkerungswachstum wird die Erde doch kaum verkraften, auch wenn es einige redliche Bemühungen um Umwelt- und Klimaschutz gibt.

◆ Ich bin optimistisch, dass sich das von selbst reguliert. Wenn der Wohlstand in Ländern steigt, gehen die Geburtenraten runter, so wie wir das auch in Europa gesehen haben. Deshalb glaube ich nicht, dass die Bevölkerungszahlen in den Himmel wachsen.

Bio für alle acht Milliarden Erdenbewohner, kann das gehen?

◆ Aus meiner Sicht: ja. Wenn wir einen gesunden Boden haben, dann haben wir gesunde Pflanzen; wenn wir gesunde Pflanzen haben, haben wir gesunde Tiere und gesunde Menschen. Wenn das System intakt ist, hat es für den Menschen den maximalen Nutzen. Und es muss sich bei den Erträgen auch nicht verstecken. Die Ägypter, die Azteken oder die Maya haben es geschafft, mit einem Hektar Land 15 Menschen zu ernähren. Die Amerikaner schaffen es mit der ganzen Agrochemie, der Gentechnik und dem hohen Energieaufwand gerade einmal, einen Menschen pro Hektar zu ernähren. In den letzten Jahrzehnten haben wir in der Landwirtschaft viel zu kurzfristig gedacht. Wir haben an vielen Stellen der Welt die Böden kaputt gemacht und dürfen uns jetzt nicht wundern, wenn sie nun nicht mehr wirklich ertragreich sind. Ich bin Biolandwirt aus tiefster Überzeugung und weiß, dass Biolandwirtschaft absolut konkurrenzfähig ist und sogar besser sein kann – insbesondere wenn die Kosten, die von Gesellschaft und Umwelt getragen werden, in die Gesamtbetrachtung miteingerechnet werden. Damit meine ich zum Beispiel allgemeine Kosten durch Grundwasserbelastung, Bodenzerstörung oder den Verlust der Artenvielfalt. Außerdem gibt es viele Flächen auf der Welt, die noch gar nicht wirklich landwirtschaftlich genutzt werden. Die kann man mit Biolandwirtschaft erschließen, ohne sie zu zerstören.

»Wenn wir einen gesunden Boden haben, dann haben wir gesunde Pflanzen; wenn wir gesunde Pflanzen haben, haben wir gesunde Tiere und gesunde Menschen.«

Stefan Hipp Mitte der 70er-Jahre auf dem elterlichen Landgut »Ehrensberger Hof« – der heutige Hipp-Chef hatte damals zwei Gänse: Firmus und Firma

Welche Flächen meinen Sie?

◆ Zum Beispiel gibt es auf der ganzen Welt ungenutzte Vegetationsflächen mit schlechten Grundvoraussetzungen, in die es sich aber durchaus lohnen könnte zu investieren. Durch Humusaufbau, intelligente Bewässerungssysteme, sinnvolle Fruchtfolgen und gute landwirtschaftliche Praxis könnten sie aufgewertet und landwirtschaftlich genutzt werden.

Ein Unternehmen muss ideenreich und flexibel sein, um bei solchen neuen Ansätzen mitzumischen. Was tun Sie, damit Hipp innovativ bleibt?

◆ Der Druck aus dem Markt wird immer stärker, deshalb müssen wir immer besser werden. Permanent hinterfragen wir Prozesse und Strukturen und sind da in einem ständigen Austausch mit unseren Mitarbeitern. Jeder Vorschlag und jede Kritik sind willkommen. Zweimal im Jahr setzen wir uns mit der Führungsmannschaft für ein paar Tage zusammen und hinterfragen die Sachen, die wir machen. Die Traditionen und das Wertvolle aus der Vergangenheit wollen wir bewahren, aber wir können uns auch nicht der Tatsache entziehen, dass alles immer schneller wird.

Da schließen Sie sich also für ein paar Tage mal so richtig weg?

◆ Ja, wir sind dann in Ostpreußen, wo ich meinen landwirtschaftlichen Biobetrieb habe. Das ist eine ruhige Umgebung, weit genug weg vom Tagesgeschäft. Das ist das richtige Umfeld, um Dinge gründlich zu hinterfragen und in Ruhe zu durchdenken.

Sie möchten wachsen, nicht bei dem Erreichten stehen bleiben. Aber wie viel Wachstum verträgt Hipp? Können Ihnen die Dinge nicht irgendwann auch einmal entgleiten?

◆ Diese Angst habe ich nicht, weil wir immer darauf achten, unsere Identität und auch unsere Unabhängigkeit zu bewahren. Wir sind finanziell unabhängig und werden das auch bleiben. Dann haben wir die Freiheit, Schritt für Schritt zu wachsen, mit dem Tempo, das wir für richtig halten. Wir wollen uns nicht übernehmen. In den letzten 15 Jahren sind wir stark gewachsen, aber wir sind uns bewusst, dass der gesamte Apparat auch mitwachsen muss. Das ist nicht immer leicht. Deshalb setzen wir uns ganz klare Ziele. Erst wenn die erreicht sind, geht es eine Stufe weiter. Zum Beispiel mag es noch viele spannende Märkte geben, doch die müssen und können wir nicht alle gleichzeitig angehen. Wir haben für uns klar entschieden, welche Märkte wichtig sind, und darauf konzentrieren wir uns.

Ist der Klimaschutz nur ein Hype, der bald wieder verschwindet?

◆ Ich glaube nicht, dass das nur ein Strohfeuer ist. Ich glaube, dass eine Generation jetzt groß wird, die dieses Thema für sich entdeckt hat. Die vielen Schüler, die durch die freitäglichen Demonstrationen mobilisiert wurden, setzen sich wirklich sehr mit diesem Thema auseinander. Meine Generation hat in ihrer Kindheit darüber nicht in dieser Form nachgedacht. Wenn ich mit Verbrauchern in Asien spreche, dann sehe ich, dass auch für sie das Klima plötzlich ein Riesenthema ist. Dass wir als Unternehmen einen großen Hebel besitzen, haben wir früh erkannt. Bereits seit 2011 produzieren wir am Stammsitz in Pfaffenhofen klimaneutral. Damals hat Klimaschutz noch niemanden interessiert. Mittlerweile dürfen alle Hipp-Produkte aus unseren Werken in der Europäischen Union das Siegel »klimaneutral produziert« tragen. Jetzt haben wir uns sogar zum Ziel gesetzt, bis 2025 mehr klimaschädliche Gase zu binden, als wir mit der Produktion unserer Artikel ausstoßen. Das heißt: Hipp wird klimapositiv.

Wie soll das gehen?

◆ Unsere Klimastrategie enthält mehrere Elemente. Zunächst versuchen wir den ohnehin schon niedrigen Energieverbrauch noch weiter zu senken. Dann ersetzen wir möglichst alle nicht erneuerbaren Energiequellen durch regenerative. Schließlich binden wir klimaschädliche Gase dadurch, dass wir durch Humusaufbauprojekte der Atmosphäre klimaschädliche Gase entziehen. In Summe wird dies bis 2025 mehr sein, als Hipp in die Atmosphäre abgibt.

»Wir wollen in wenigen Jahren klimapositiv werden. Dann werden wir durch ökologische Landwirtschaft und Naturschutz mehr klimaschädliche Gase binden, als wir mit der Produktion unserer Artikel ausstoßen.«

Claus Hipp mit seinen Söhnen Sebastian (links) und Stefan (rechts)

Ihre Tochter ist noch im schulpflichtigen Alter, glaube ich.

◆ Ja, sie ist 16 Jahre alt.

Geht sie denn freitags noch regelmäßig zur Schule?

◆ Sie meinen: wegen Greta?

Ja.

◆ Sie ist in einem Internat und da kommt sie nicht so einfach raus. Aber sie ist genau die Generation, die nun das Klima zu ihrem Anliegen macht. Sie nimmt das Thema unheimlich ernst. Kürzlich kam ich vom Supermarkt und hatte eine neue Plastiktüte dabei. Da hat sie mich ganz böse angeschaut und gesagt: »Papa, warum hast du nicht von zu Hause eine Tasche mitgenommen?« Dann habe ich gesagt: »Ich habe es vergessen.« Da ist sie sofort in die Küche gerannt, hat eine Tasche geholt, sie ins Auto gelegt und gesagt: »Das nächste Mal nimmst du die.« Und dann ergänzte sie noch: »Ich will später mal Klimaschützerin werden.« Das ist wirklich ein riesiges Thema für sie und für viele in ihrem Freundeskreis.

»Plastik« ist ein gutes Stichwort. Schon 2025 sollen alle Verpackungen bei Ihnen so gut recyclingfähig sein wie das Hipp-Gläschen. Wie soll das funktionieren?

◆ Plastikverpackungen sind für Konsumenten bequem und leicht zu handhaben. Diesem Verbraucherwunsch haben auch wir bisher entsprochen. Nun sind wir gefordert, Alternativen zu finden. Die Umstellung erfolgt schrittweise: Zum einen setzen wir wieder stärker auf Glas, und zum anderen entwickeln wir unsere bestehenden Kunststoffverpackungen so weiter, dass sie genauso recyclingfähig sind wie Glas. Damit unterstützen wir die Kreislaufwirtschaft. Überall dort, wo es möglich und sinnvoll ist, verzichten wir auf Kunststoff. Parallel arbeiten wir an Verpackungen aus nachwachsenden Rohstoffen wie Holz oder Gras, die nicht in Konkurrenz zu Lebensmitteln stehen. Hier laufen Projekte mit Instituten und Hochschulen. Das ambitionierte Ziel ist: 2025 sollen alle Verpackungen genauso gut recyclingfähig sein wie unsere Gläschen.

2025 sollen alle Verpackungen genauso gut recyclingfähig sein wie unsere Gläschen.

»Es wird eine Generation groß, die den Klimaschutz für sich entdeckt hat. Wir haben in unserer Kindheit darüber nicht in dieser Form nachgedacht.«

Stefan Hipp Ende der 70er-Jahre auf dem Landgut »Ehrensberger Hof«

Also Hipp-Shampoo in einer Holzflasche – das kann ich mir schwer vorstellen.

◆ Die Materialien auf Basis von Holz dürfen Sie sich nicht wie eine Holzkiste vorstellen. Das fühlt sich an wie Kunststoff, ist aber aus Zellulose, die man aus Holz gewonnen hat.

Das alles muss am Ende aber auch wirklich besser sein, wirklich klimafreundlicher. Sie haben die Plastiktüte erwähnt. Da gab es mal einen Vorstoß mit angeblich kompostierbaren Tüten, die dann erst recht zum Umweltproblem wurden, weil sie in den Kompostieranlagen nicht schnell genug verrotteten und auch nicht über das Kunststoffrecycling wiederverwertet werden konnten – sie waren so eine Art Sondermüll.

◆ Da haben Sie recht. Mit solchen halb garen Lösungen brauchen Sie der Generation Greta erst gar nicht zu kommen. Sie will echte Antworten. Und auch unser Anspruch sind wirklich nachhaltige Lösungen. Bei Hipp gilt der Grundsatz: Jede neue Verpackung muss ökologisch vorteilhafter sein als ihr Vorgänger. Dabei stehen bei all unseren Vorhaben und Maßnahmen immer die Sicherheit sowie die Qualität des Produktes und damit der Verbraucher im Vordergrund.

Neue Märkte und Innovationen: Windeln und mehr

Sie sind unlängst in den Markt mit Babywindeln eingestiegen. Warum wagen Sie sich in diesen umkämpften Markt?

◆ Wir haben eine große Kompetenz bei Produkten für Babys und Kinder. Deshalb haben wir zunächst vor einigen Jahren mit Pflegeprodukten für Babys und Kinder angefangen. Ein nächster logischer Schritt war für uns der Einstieg in den großen Markt der Windeln. Sie haben recht, es ist ein hart umkämpfter Markt. Darum haben wir uns auch lange überlegt, ob wir da reingehen sollen. Unsere Hipp-Windel ist aber aufgrund der besonderen Produkteigenschaften absolut konkurrenzfähig.

Trotzdem: Die Entscheidung für den Einstieg dürfte Ihnen nicht leichtgefallen sein.

◆ Klar war, dass wir mit unserem Produkt nicht die Zweitbesten am Markt sein wollen. Wir haben immer den Anspruch, das beste Produkt am Markt zu haben. Wir haben dann sicherlich zehn Jahre lang die Hipp-Windel entwickelt und Wege gesucht, besser zu sein als das, was da ist. Irgendwann hatten wir ein Produkt, das an vielen Stellen besser war als das, das Sie zuvor kaufen konnten – von der Passform her, von der Saugfähigkeit, von der Weichheit. Und auch in Bezug auf ökologische Aspekte: Unsere Windeln werden ressourcenschonend in einem deutschen Werk mit CO_2-neutraler Energiebilanz produziert, der Zellstoff unserer Windeln stammt aus nachhaltiger Forstwirtschaft.

Das Umweltzeichen der Bundesregierung, der blaue Engel, unterstreicht all diese Bemühungen. Daher haben wir gesagt: Wir haben ein überlegenes Produkt und eine starke Marke, also legen wir los. Und bisher ist das Produkt toll aufgenommen worden. Man muss auch mal den Mut haben, wenn man grundsätzlich überzeugt ist. Das heißt nicht, dass es am Ende dann auch alle Erwartungen erfüllt.

Wo hört der Mut auf, wo fängt Leichtsinn an?

◆ Leichtsinn fängt da an, wo ich mit einem neuen Produkt das Unternehmen oder die Mitarbeiter gefährde. Dann bin ich eher ein Spekulant. Und das ist nicht unsere Welt.

Wenn der Vorstoß mit den Windeln ins Leere geht, gerät Hipp nicht ins Wanken?

◆ Nein. Wenn wir zehn Produkte einführen, dann werden nicht alle zehn Produkte Renner sein. Aber als eine starke Marke müssen wir immer wieder neue Vorstöße machen. Unser eigener Anspruch ist, im Bereich Baby und Kleinkind das innovativste Unternehmen am Markt zu sein. Jedes Jahr sind 20 Prozent des gesamten Sortiments neue oder überarbeitete Produkte. Was gut läuft, bleibt; anderes geht raus. Der Verbraucher merkt, dass die Marke am Leben ist, agil und innovativ.

Sie testen also die Grenzen der Marke aus. Nicht immer war das erfolgreich.

◆ Das stimmt. Wir waren der Meinung, dass Sportler sehr großen Wert auf gesunde Ernährung legen, weil sie körperliche Höchstleistungen erbringen müssen. Dann mussten wir aber merken, dass wir mit unserer Marke nicht das richtige Markenimage für diese Zielgruppe hatten. Das Produkt war schon gut, aber es wurde zu sehr mit Babynahrung verbunden. Die Marke Hipp Sport haben wir aufgegeben, arbeiten aber immer noch mit dem Slogan »Hipp im Sport«. Wir sagen dem Sportler: Er kann, ganz individuell, Hipp für sich im Sport nutzen. Und das tun auch viele.

Sie schielen also nach wie vor auf den Erwachsenenbereich?

◆ Üblicherweise sind wir eine gewisse Zeit in der Familie, wenn die Kinder klein sind. Wir haben aber auch erlebt, dass die Kinder, wenn sie größer werden, gerne wieder zu unseren Produkten greifen. Daran knüpfen wir an.

Woher kommen die Ideen für Ihre Innovationen?

◆ Verbesserungen kommen oft von Verbrauchern, deren Vorschläge wir sehr ernst nehmen, sie kommen aber auch von Hebammen und Ärzten, mit denen wir uns regelmäßig austauschen. Ganz neue Produkte gehen meistens vom Marketing und vom Produktmanagement aus. Da setzen wir uns an einen Tisch, diskutieren die Produkte und die Ideen und fokussieren uns dann auf einzelne Projekte. Es gibt einen Markttest, und wenn der gut ist, dann bringen wir es.

Und wenn der Markttest schlecht war, die Idee aber vom Chef kam?

◆ Wir bringen auch Produkte auf den Markt, die im Test weniger gut abgeschnitten haben. Aber nicht, weil die Idee vom Chef kommt, sondern weil wir uns nicht komplett abhängig machen wollen von der Marktforschung. Wenn wir sehr stark an etwas glauben, dann probieren wir es, auch wenn die ersten Tests dagegensprechen. Natürlich komme auch ich mit Ideen. Die werden manchmal aufgenommen, manchmal passen sie aber eben auch nicht.

Sie sind auch ins Catering von Kitas eingestiegen. Wie entwickelt sich das Geschäft?

◆ Wir haben festgestellt, dass es in Kitas eine riesige Nachfrage nach gesundem Essen gibt. Das, was in vielen Kitas zum Essen ausgegeben wird, ist oft nicht das, was Kinder mögen und was von der Ernährungsphysiologie her gut für sie ist. Aus jahrzehntelanger Erfahrung haben wir ohnehin die Biorohstoffe für solche Kita-Mahlzeiten. Erzieher und Eltern vertrauen uns als Marke – warum sollten wir das nicht ins Angebot aufnehmen? Inzwischen haben wir weit über 100 Produkte im Kita-Sortiment. Das ist auch nötig, denn viele Städte verlangen eine solche Produktvielfalt, wenn man sich an Ausschreibungen um die Kita-Versorgung beteiligen will. Das Angebot in Bayern und Baden-Württemberg kommt sehr gut an, und wir haben nun das Ziel, es deutschlandweit auszurollen.

Wie darf man sich das vorstellen? Da kommt ein Lkw bei der Kita vorbei und lädt ganz viele Hipp-Gläschen ab?

◆ Nein. Wir liefern tiefgekühlte Biogerichte an, zum Beispiel Nudelgerichte, Fleischgerichte wie Geschnetzeltes oder Rinderbraten, Fisch, vegetarische Gerichte, Beilagen, Gemüse, Suppen oder auch Süßspeisen wie Kaiserschmarrn. In den Kitas werden die Gerichte nährstoffschonend und portionsgerecht in Dampfgarern unmittelbar vor dem Essen regeneriert. Die Kitas bieten so gesunde Biomittagsmahlzeiten mit durchdachtem Speiseplan und viel Abwechslung, brauchen aber keine große Küche und keinen Koch.

Wo liegen die Grenzen bei der Ausweitung des Sortiments?

◆ Alles, was mit Säugling und Kind zu tun hat, ist theoretisch denkbar. Denn das ist unsere ureigene Kompetenz.

Markenpositionierung heute

Sie sind in der Werbung in die Fußstapfen Ihres Vaters getreten, stehen dort jetzt mit Ihrem Gesicht für die Qualität der Produkte. Nur: Wen erreichen Sie heute eigentlich noch mit Fernsehwerbung? Ist das überhaupt noch der richtige Kommunikationskanal, um junge Eltern anzusprechen?

Für die Markenstärkung ist das Fernsehen hierzulande der wichtigste Kommunikationskanal.

◆ Das ist von Land zu Land unterschiedlich. In Asien ist Fernsehwerbung bei Weitem nicht mehr so wichtig, da geht sehr viel mehr über Social Media. Auch in Osteuropa ist das zu beobachten, etwa in Polen. In Westeuropa insgesamt, aber auch gerade in Deutschland, hat Fernsehwerbung durchaus noch ihre Berechtigung. Und zwar gerade, wenn es um die Marke geht. Produktwerbung läuft vielfach über Social Media, aber für die Markenstärkung ist das Fernsehen hierzulande aus unserer Sicht der wichtigste Kommunikationskanal.

In Deutschland funktioniert das mit Ihnen als Markenbotschafter. Aber wie ist es in anderen Ländern?

◆ Ich bin in allen Ländern der Markenbotschafter, denn ich stehe überall für die Qualität ein. Auch wenn die Menschen das Unternehmen vielleicht nicht so gut kennen, dann sehen sie doch, dass hier ein Familienunternehmer für die eigene Marke einsteht. Woher der kommt, ist in Europa nicht so wichtig. In Asien spielt es schon eine Rolle, dass ich als Deutscher für dieses deutsche Unternehmen spreche. Denn dort ist auch die Herkunft ein Qualitätsausweis.

Es gab mal eine öffentliche Diskussion über Ihre gezuckerten Babytees. Verbraucherschützer warfen Ihnen vor, damit die Zahngesundheit von Kleinkindern zu gefährden. In solchen Momenten kann es sich natürlich rächen, dass Sie öffentlich für die Marke sprechen.

◆ Damit habe ich kein Problem. Gerade dann ist es doch wichtig, sich vor die Marke und das Unternehmen zu stellen.

Aber Sie liefern Kritikern eine Angriffsfläche. Sie können direkt sagen: Dieser Herr Hipp hat es gemacht.

◆ Das ist kein Problem, denn wir haben nichts Verwerfliches gemacht. Es war so, dass im fertigen Babytee weniger Zucker war als in einer normalen Apfelschorle. Das Produkt entsprach selbstverständlich den strengen Anforderungen der deutschen Diätverordnung und zudem unseren Richtlinien, die noch darüber hinausgehen. Es ist für die Zähne nicht gut, wenn das Kind den ganzen Tag über daran nuckelt. Säfte, Schorlen und Tees können Bestandteile der Säuglingsernährung sein, eignen sich aber nicht zum Nuckeln. Das wissen Eltern, und wir haben auf der Verpackung der Tees auch noch mal darauf hingewiesen.

Trotzdem mussten Sie diese Babytees dann vom Markt nehmen.

◆ Nein, sie wären sowieso aus dem Sortiment genommen worden. Das war schon lange geplant, denn wir hatten bereits ein Produkt ohne Zucker entwickelt.

Auch wenn es mal wehtut – ist es nicht gut, dass es Verbraucherschutzorganisationen gibt, die die Unternehmen kontrollieren?

◆ Solche Kritik nehmen wir immer ernst. Und es ist auch wichtig, dass es diese NGOs gibt und dass sie der gesamten Nahrungsmittelindustrie auf die Finger schauen. Als strenger Bioanbieter mit höchstem Qualitätsanspruch fürchten wir uns aber nicht. Inzwischen ist bei allen

Hipp-Produkten der zugesetzte Zucker herausentwickelt, was gerade auch aus technischen Gründen nicht immer ganz einfach ist.

Warum nicht?

◆ Zum Beispiel haben wir einen Babykeks ganz vom Markt genommen. Mit Zucker wollten wir ihn nicht anbieten, ohne Zucker wird er sehr hart. Wenn größere Stücke von den harten Keksen abbrechen, können sich Babys daran verschlucken. Das können wir nicht verantworten. Für Babys ist es wichtig, dass sich Knabberartikel im Mund schnell auflösen.

Es gibt eine Reihe von Food-Start-ups, die den Markt für Babynahrung mit Online-Angeboten aufmischen wollen. Wie sehr müssen Sie diese neuen Angreifer fürchten?

◆ Wir fürchten sie nicht. Wettbewerb ist immer gut für die Branche, bringt auch immer neue Impulse. Von den Marktanteilen her sind die neuen Anbieter in Deutschland nicht sehr relevant. Sie erreichen weniger als zwei Prozent am Gesamtumsatz. Die Verbraucher sind dem stationären Handel hier sehr treu. In Tschechien haben die Online-Händler bei Babynahrung schon 20 Prozent, in Frankreich sind es sogar noch etwas mehr.

Sollten Sie nicht wenigstens in solchen Ländern in den Direktvertrieb gehen?

◆ Nein, wir gehen nirgendwo in den Direktvertrieb. Es gibt dann höchstens Händler, die unsere Produkte online vermarkten. Das ist ein sehr spezielles Geschäft, das man auch gut beherrschen muss. Wir sind für eine klare Arbeitsteilung: Wir machen die Produkte, die Händler übernehmen den Verkauf.

In der Coronakrise boomte der Online-Verkauf von Babyprodukten. Dennoch halten Sie an Ihrer Vertriebsstrategie fest?

◆ Der stationäre Handel genießt das größte Vertrauen bei den Eltern, deshalb ist dieser Vertriebsweg unsere erste Wahl. Auch ist das Online-Geschäft in vielen Märkten noch klein. In der Krise gab es große Zuwachsraten, aber die gingen kurz danach auch schon wieder runter. Das darf man also nicht überbewerten.

Neuerdings sind Hipp-Produkte auch bei Aldi erhältlich. Haben Sie es schon bereut?

◆ Warum sollte ich?

Weil Aldi dafür berüchtigt ist, seine Lieferanten die Marktmacht spüren zu lassen und jeden Cent aus seinen Lieferanten herauszupressen.

◆ Wir lassen uns nicht erpressen. Wenn Aldi die beste Qualität will, dann brauchen sie uns. Und ich bin überzeugt, dass sie mit unseren Produkten nicht schlecht verdienen. Und wenn Aldi nur Billigprodukte verkauft, tut das dem Image auch nicht gut. Natürlich sind die Verhandlungen mit dem Handel nicht immer eine Freude und ich beneide da unsere Mitarbeiter aus dem Vertrieb nicht. Aber sie haben immer blutstillendes Material dabei, wenn sie zu den Verhandlungen fahren *(lacht)*.

Verhandlungen bis aufs Blut, ist das heute normal?

◆ Heute ist es nicht unüblich. Der Ton ist rauer geworden. Früher war es wohl anders, da ist man anständiger miteinander umgegangen.

Woher kommt das?

◆ Es ist ein Kampf ums Geld. Jeder möchte immer mehr vom Kuchen haben. Es war aber auch einfach der gegenseitige Respekt früher etwas höher. Und der Ehrenkodex unter Kaufleuten war ein anderer. Da hat ein Handschlag noch was gegolten. Heute geht es eher um das trickreiche Ausnutzen von juristischen Formulierungen, und das gilt noch nicht mal als ehrenrührig.

Bis 2016 haben Sie gesagt, Discounter wie Aldi oder Lidl passten nicht zur Marke Hipp, das seien nicht die richtigen Vertriebskanäle. Warum nun der Sinneswandel?

◆ Die großen Discounter haben entschieden, dass sie auch Markenartikel führen wollen. Das war die Grundlage dafür, dass wir ins Gespräch gekommen sind. Dann lotet man aus, ob es passt. In unserem Fall hat es gepasst.

Würden Sie auch Handelsmarken produzieren, also Produkte, die unter der Marke des Handels vertrieben werden und nicht unter der Marke Hipp?

◆ Es kommt auf die Bedingungen an, ausschließen würde ich das nicht.

Aber würde das nicht die Marke Hipp beschädigen, wenn die Kunden erfahren, dass sie Ihre Produkte für weniger Geld mit dem Label des Händlers bekommen?

◆ Niemals würden wir unsere Produkte mit der gleichen Rezeptur und Qualität als Handelsmarke anbieten.

Bei einem Discounter im Regal zu stehen ist keine Gefahr für die Marke an sich?

◆ Die Verhältnisse im Handel haben sich geändert und wir müssen das Beste daraus machen.

Vor allem Lidl hat sein Biosortiment stark ausgebaut und sogar einen großen Deal mit der Marke Bioland gemacht. Sehen Sie noch weitere Wachstumschancen für das Biosegment?

◆ Auf jeden Fall, Bio hat noch eine große Zukunft. Aber auch konventionelle Produkte werden weiter bleiben, denn es wird auch immer sehr preisbewusste Kunden geben.

Corona: Krisenerfahrungen und Erkenntnisse

Wie sind Sie durch die erste Coronawelle gekommen?

◆ Wir haben schon sehr früh strikte Maßnahmen ergriffen, um unsere Mitarbeiter und Mitarbeiterinnen zu schützen und gleichzeitig die weitere Betriebsfähigkeit des Unternehmens sicherzustellen. Die Versorgung unserer Standorte und die internationalen Logistikketten haben mit kleineren Lieferverzögerungen an den Grenzen weitestgehend gut funktioniert. Unsere Mannschaft hat rund um die Uhr gearbeitet, um die Märkte und damit die Eltern zuverlässig mit Hipp-Produkten zu versorgen. Dass wir relativ gut durch die Zeit gekommen sind, liegt auch an unserer äußerst engagierten Belegschaft. Auf einen Schlag hatten wir über 800 Leute im Homeoffice. So herausfordernd die Zeit im Ganzen auch war, sie hat uns auch viele wertvolle Erfahrungen gebracht, die uns in Zukunft nutzen werden.

Welche denn?

◆ Gerade in Fragen der Digitalisierung haben wir sehr viel gelernt. Bei Dingen, bei denen es immer hieß, dass das nicht geht, ging es dann plötzlich ganz schnell. Unsere IT hat hier Großartiges geleistet. Sie hat binnen vier oder fünf Tagen Hunderte digitale Arbeitsplätze geschaffen. Dadurch ging das dann auch relativ gut. Auch bei den Reisetätigkeiten, die immer für unverzichtbar erklärt worden sind, merkt man jetzt: Vieles muss nicht sein. Andererseits fehlt das Zwischenmenschliche, auch die Kreativität wird nicht unbedingt gefördert. Für viele kreative Prozesse brauchen Sie die direkte, persönliche Interaktion mit den anderen Menschen. Gerade auch in meinem Zuständigkeitsbereich, dem Marketing.

Wann haben Sie gemerkt, dass 2020 ein ganz großes Problem auf uns alle und auf Ihr Unternehmen zukommt?

◆ Ende Februar haben wir unseren Krisenstab zusammengerufen und schon sehr früh begonnen, unsere Mitarbeiter ins Homeoffice zu schicken. Natürlich haben wir alle gehofft, dass die Krise nur von sehr kurzer Dauer sein würde. Nach Ostern haben wir dann wirklich realisiert, wie lange uns das im Griff haben wird. Dadurch, dass wir relativ viel Chinageschäft haben, hatten wir das Problem schon frühzeitig auf dem Schirm und standen dazu auch mit unseren chinesischen Vertriebsmitarbeitern in Kontakt. So haben wir aus erster Hand mitbekommen, was da los ist. Als es dann bei dem Autozulieferer Webasto in München die ersten Fälle in Deutschland gab, war uns klar, dass da etwas auf uns zurollt. Unser Krisenstab wurde aktiv, hat die Entwicklungen genau verfolgt, und so waren wir im Vergleich sicherlich früh dran, Schutzmaßnahmen umzusetzen. Wenn man in der Lebensmittelindustrie aktiv ist, hat man vielleicht auch eine besondere Sensibilität für solche Dinge. Bei uns muss immer sichergestellt sein, dass die Lieferketten funktionieren.

Sie erwähnten Ihren Krisenstab. Wurde der wegen Corona eingerichtet oder haben Sie so etwas immer?

◆ Wir haben einen festen Ablauf, um einen Krisenstab jederzeit bilden zu können. Denn es gibt ja immer mal wieder Krisen, auf die wir schnell reagieren müssen. Mal ist eine Lieferkette in Gefahr, weil ein Lieferant Probleme hat oder weil es in der Logistik Probleme gibt, mal gibt es Kritik an einem Produkt, auf die wir schnell antworten müssen. Es geht schließlich um Babys, die ihre Nahrung brauchen, und um Eltern, die zu Recht schnell nervös werden, wenn diese Nahrung nicht zur Verfügung steht. Dann kommt der Krisenstab zusammen. Das ist ein eingespieltes Team, das mit Kollegen verschiedener Abteilungen besetzt ist. Je nachdem, um welche Krise es sich handelt, wird dann aus dem größeren Krisenstab ein kleineres, aktives Team gebildet. Im Fall von Corona waren es drei Vollzeitkräfte, die je nach Thema von weiteren Personen unterstützt wurden. Um die Umsetzung schnell vorantreiben zu können, wurde deren Tagesgeschäft dann wiederum auf weitere Kollegen verteilt.

Wir haben einen festen Ablauf, um einen Krisenstab jederzeit bilden zu können; das ist ein eingespieltes Team.

Was sind die größten Herausforderungen für den Krisenstab gewesen?

◆ Das eine war das Wohl der Mitarbeiter. Das andere war die Versorgungssicherheit für unsere Kunden. Wenn Eltern in so einer Situation plötzlich keine Babymilch mehr im Regal finden, dann werden sie panisch. Es ist unsere oberste Aufgabe, so etwas zu vermeiden.

Gab es Probleme mit den Lieferketten?

◆ Bei manchen Rohstoffen, die aus Italien kommen, gab es vorübergehend Verzögerungen. Aber nichts, was die Versorgung mit Babynahrung wirklich gefährdet hätte. Teilweise ist es für uns aber sehr teuer geworden, weil die Preise für Logistik gestiegen sind. Für Lebensmittel aus Italien hatten wir im Vergleich zu sonst mitunter die dreifachen Logistikkosten. Sorge hat uns auch das Gemüse aus Deutschland bereitet. Denn beim Biogemüse wird Unkraut gejätet und nicht mit Chemie bekämpft. Dafür brauchen wir Erntehelfer. Wären die nicht in ausreichender Zahl da gewesen, hätte das beispielsweise die Versorgung mit Karotten gefährden können. Das ist glücklicherweise aber nicht eingetreten.

Haben die Eltern Babynahrung gehamstert?

◆ Ja, es gab über einige Wochen extreme Hamsterkäufe, was uns und der ganzen Branche zusätzliche Umsätze beschert hat. Danach ging es dann naturgemäß wieder stärker nach unten. Es gab aber nie leere Regale, weil wir unsere Produktion hochgefahren und 24 Stunden durchproduziert haben. Aber die Lager bei uns und beim Handel, die normalerweise ein guter Puffer sind, waren zeitweise leer.

Es waren also ziemlich arbeitsintensive Wochen für Sie.

◆ Ja, absolut. Auch wenn die Lage sich normalisiert, wird es nicht wie vorher. Wir haben neue Regeln für die Büros, weniger Mitarbeiter gleichzeitig am Standort, mehr Abstand und entsprechende bauliche Anpassungen. Die Mitarbeiter haben sehr gut mitgezogen, sind teilweise auch wirklich an ihre Grenzen gegangen, um den Betrieb aufrechtzuerhalten.

Hätten Coronafälle in Ihrer Produktion Kunden verschreckt?

◆ Das war nicht unsere größte Sorge. Es ging uns vor allem um das Wohl der Mitarbeiter. Dass Kunden sich abwenden könnten wegen eines Infizierten in unseren Reihen, kann ich mir auch nur schwer vorstellen. Denn es dürfen sonst auch keine Krankheitserreger, keine Bakterien und keine Viren in die Nahrung gelangen. Dass dies nicht passiert, können wir bei allen Viren sicherstellen, auch bei Corona. Ein Ausbruch bei uns wäre eher deshalb kritisch geworden, weil er die Produktionsfähigkeit insgesamt hätte gefährden können. Angenommen, wir hätten einen Ausbruch im Labor gehabt mit 20 Infizierten, dann hätten wir womöglich nicht mehr produzieren können. Denn die ständige Überwachung der Lebensmittel durch das Labor ist unerlässlich. Der Krisenstab hatte deshalb sogar schon geprüft, wo wir stattdessen unsere Untersuchungen hätten machen lassen können. Glücklicherweise war das nicht nötig. Und durch gestaffelte Teams versuchen wir einem solchen Zustand zusätzlich vorzubeugen.

Sie haben gesagt, dass Sie in Zukunft mehr Homeoffice, mehr Digitalisierung und weniger Dienstreisen haben werden. Gibt es weitere Lektionen aus der Krise?

◆ Keiner weiß, ob es weitere Wellen geben oder ob andere Viren und Erkrankungen uns in Zukunft ähnlich in Atem halten werden. Deswegen ist es wichtig, aus dieser Krise die richtigen Schlüsse zu ziehen. Wir haben sicherlich verstanden, dass wir unsere Rohstoffe nicht zu einseitig aus einzelnen Regionen beziehen sollten. Eine Krise in einer bestimmten Region darf nicht unser Geschäft lahmlegen. Wir haben verstanden, wie wichtig das Miteinander ist, auch für die Kreativität. Die Krise hat uns auch gezeigt, wie wichtig Werte sind. Die Oberflächlichkeit der Gesellschaft wird von vielen nun doch etwas überdacht. Es gibt eben mehr im Leben als immer nur den schnellen Erfolg. Auch wenn es für viele nicht immer leicht war im Homeoffice, so haben die Menschen doch entdeckt, welchen hohen Wert eine Familie hat. Die Zeit zusammen, die Zeit draußen in der Natur, das ist kostbar. Man konnte auch beobachten, dass in der Krise die Nachfrage nach Biolebensmitteln in Deutschland stark gestiegen ist. Offenbar ist den Leuten durch Corona die Qualität von Lebensmitteln noch mal ins Bewusstsein gekommen.

Claus Hipp, das ist der Landwirt, der den Ökolandbau bei dessen Schweizer Erfinder Hans Müller lernte. Der Pferdenarr, der als Stuntman auf dem Pferderücken durch Filmkulissen galoppierte, der schon als Schüler in die Pferdezucht einstieg, der zusammen mit seiner Frau bei Reitturnieren antrat. Der Firmenerbe, der aus einem Mittelständler einen weltweit agierenden Marktführer formte. Der Honorarkonsul, der Georgien vertritt, Russisch spricht und über kommunistisches Arbeitsrecht promovierte. Der gläubige Katholik, der eine Kirche wiederaufbaute und bis heute Messdiener ist. Der einstige Vizepräsident des Deutschen Industrie- und Handelskammertages, der zum Inbegriff des Öko-unternehmers wurde. Der Maler, der Meisterschüler war und heute als Professor unterrichtet. Claus Hipp ist ein Tausendsassa, ein Unternehmer mit einem weiten Blick über den Tellerrand. Einer, dem man zuhören sollte, wenn er über Erfolgsgeheimnisse spricht.

DRITTES KAPITEL

Erfolgs-geheimnisse

Mit begeisterten Menschen Begeisterung schaffen

Ihre Gläschen haben Generationen von Kindern ernährt. Was ist eigentlich Ihre liebste Geschmacksrichtung?

▶ Aprikose in Apfel.

Essen Sie die Gläschen überhaupt?

▶ Ich esse häufig mal ein Gläschen. Vor allem, wenn ich auf Reisen bin. Aber ich bin nicht der einzige Erwachsene, der die Babykost schätzt. 25 Prozent der Gläschen werden von Erwachsenen gegessen. Viele machen zum Beispiel auch eine Diät mit unseren Produkten.

Warum bewerben Sie die Produkte nicht dementsprechend?

▶ Jedem ist klar, wofür die Gläschen stehen. Es ist die beste Babynahrung, die Sie Ihrem Kind geben können. Einen anderen Produktnutzen zu kommunizieren würde das nur verwässern.

Manchmal ist es am besten, etwas in der Werbung nicht anzusprechen. Ältere Menschen wollen keine Seniorenautos.

▶ Das ist bei Nahrungsmitteln genauso. Wir haben es mal mit Seniorennahrung probiert – eigentlich ein großer Markt, den wir mit unserer Kompetenz in der Babynahrung hervorragend bedienen könnten. Aber die Leute wollen keine Seniorennahrung kaufen. Da kaufen sie lieber Babynahrung und möchten die Leute im Laden denken lassen, es sei für die Enkel.

*»Ich esse am liebsten Aprikose in Apfel.
Jedes vierte Babygläschen wird von Erwachsenen gegessen.«*

Claus Hipp füttert ein Enkelkind

Und wenn Sie keine Gläschen auslöffeln – was ist ihr Lieblingsgericht?

▶ Käse und Kartoffeln.

Ziemlich unprätentiös für jemanden, der sich alles leisten könnte.

▶ Ja, ich mag es eher einfach. Aber bei der Menge bin ich nicht immer so bescheiden. Ich esse gern mehr, als ich eigentlich sollte.

Erfolg hat nur der Optimist; und er muss auf anständige Weise erzielt werden.

Trotzdem – Genügsamkeit scheint eine Ihrer Stärken zu sein. Was noch? Was sind Ihre Erfolgsgeheimnisse?

▶ Das ist nicht kompliziert. Erstens: Erfolg hat nur der Optimist. Zweitens: Nur Erfolg, den Sie auf anständige Weise erzielt haben, ist dauerhaft. Drittens: Sie müssen die richtigen Leute haben. Wenn Sie Leute haben, die motivierbar sind, die in den richtigen Strukturen denken, dann geht es schon. Aber man muss sie gut behandeln, sonst laufen sie weg. Ich darf keinen anbrüllen oder vor anderen bloßstellen. Das wird kaum einer einfach so über sich ergehen lassen. Was auch immer passiert, ob er weggeht oder bleibt, ein solches Verhalten wird sich am Ende für das Unternehmen rächen.

Wie finden Sie gute Leute?

▶ Im Bewerbungsprozess ist es schon sehr wichtig, viel über die Leute zu erfahren. Aber wir müssen den Bewerbern auch viel über das Unternehmen erzählen. Nur so können beide am Ende einschätzen, ob es passt. Wenn man den Bewerber nur okay findet oder andersherum der Bewerber das Unternehmen, dann reicht das nicht. Es muss Begeisterung da sein, auf beiden Seiten.

Gilt das auch für den Nachwuchs aus der eigenen Familie? Wie merkt man, dass jemand für eine Rolle im Unternehmen taugt?

▶ Auch hier ist Begeisterung der Schlüssel. Kinder müssen sich begeistern für das Unternehmen, müssen Freude daran haben, Geschäfte zu machen, müssen gerne Entscheidungen treffen und risikobereit sein. Der unternehmerische Fleiß darf nicht verwechselt werden mit dem schulischen Fleiß. Wer in der Schule gut ist, muss noch lange kein guter Unternehmer sein.

Und wie war es bei Ihnen? Pech in der Schule, Glück in der Firma?

▶ Das ging so in Wellenbewegungen. Am Anfang habe ich mich in der Schule sehr schwergetan. Da gehörte ich zu den Letzten, zum Ende hin dann zu den Besten. An der Uni war ich am Anfang auch unterer Durchschnitt, hatte aber immer gute Nerven. Dann habe ich die Uni mit einem Schnitt, der zwischen befriedigend und ausreichend liegt, abgeschlossen. Für die Promotion habe ich dann noch mal studieren müssen und gehörte wieder zu den Guten.

Stellen Sie auch Leute mit schlechten Noten ein?

▶ Wenn alles andere passt, kann das schon mal sein. Ich habe lange Jahre Kunstunterricht an einer Berufsoberschule gegeben. Da ist ein Schüler dabei gewesen, der ist jede Woche anders verziert gekommen. Immer noch mehr Metall im Gesicht und die Haare wieder anders, in allen möglichen Farben und Schnitten. Dann ist der arme Kerl durchs Abitur gefallen. Da war der stolze Gockel ziemlich gerupft. Ich habe mit ihm geredet und habe gesagt: »Probiere es halt noch mal.« Aber er hatte keine Lust. Von der Berufsausbildung her war er Schreiner. Also habe ich zu ihm gesagt: »Wenn du willst, kannst du bei mir anfangen.« Er ist nun seit Ende der Schulzeit bei uns in der Betriebsschreinerei. Diese Stelle hätten wir nicht besser besetzen können. Er steckt voller Ideen, bringt immer irgendwelche Lösungen für Herausforderungen an unserem Produktionsstandort.

»Ich darf keinen Mitarbeiter anbrüllen oder vor anderen bloßstellen. Was auch immer passiert, ob er weggeht oder bleibt, ein solches Verhalten wird sich am Ende für das Unternehmen rächen.«

Claus Hipp mit Produktionsmitarbeitern in Pfaffenhofen

Kunst: Der Meisterschüler

Sie waren der letzte Meisterschüler des Münchner Malers Heinrich Kropp. Stimmt es, dass er Kommunist war?

▶ Im Grunde ja. Nach den Erfahrungen des Ersten und Zweiten Weltkriegs hatte er eine große Abneigung gegen alles Militärische. Er hat immer gesagt: »Die, die im Krieg nicht dabei waren, haben auch kein Recht, darüber zu reden.« Denn es sei viel schlimmer gewesen, als es meistens gezeigt wird.

Haben Sie mit ihm viel darüber gesprochen? Oder ging es vorwiegend um die Malerei?

▶ Er hat eine Menge darüber geredet. Er musste das einfach irgendwie verarbeiten.

Ist er mit seiner Kunst bekannt geworden?

▶ Eher nicht. Er war ein guter Lehrer, aber persönlich hat er wenig verkauft.

Da hat der Schüler den Lehrer überflügelt.

▶ Verkaufen ist auch eine Kunst.

Ein Motto von Ihnen in der Malerei lautet: Schnell anfangen und langsam aufhören. Was meinen Sie damit?

▶ Damit meine ich, dass Sie etwas Neues mit Verve beginnen sollten, mit Begeisterung und ohne alles weitere tausendfach abzuwägen und zu planen. Das ist ein schneller Prozess. Danach kommt eine Phase, in der es langsamer weitergeht, in der Sie die Dinge im Detail ausführen. Wichtig ist auch, den Zeitpunkt zu finden, an dem Sie aufhören. Denn wenn Sie zu lange in der letzten Phase verweilen, wenn dann Zweifel kommen, wenn vielleicht Kritik von außen kommt und Sie immer wieder die Dinge überarbeiten, machen Sie das Kunstwerk am Ende kaputt und nehmen ihm den ursprünglichen Charakter, die ursprüngliche Idee.

»Unternehmen 70 bis 80 Prozent, Familie zehn Prozent, der Rest für Malerei und Musik.«

Claus Hipp übt Oboe in seinem Atelier – er spielt das Instrument im Münchner Behördenorchester

Ist dieses Prinzip übertragbar auf Abläufe im Unternehmen?

▶ Absolut. Wenn Sie eine Idee haben, dann sollten Sie die ruhig erst einmal mit vollem Einsatz angehen, ohne alles tausendmal abzuwägen. Danach wird es automatisch langsamer, weil die Mühen der Umsetzung kommen und die vielfältigen Meinungen dazu. Das ist auch wichtig, denn wir wollen keinen Irrweg mit Begeisterung gehen. Aber wenn Sie schon langsam anfangen, weil Sie immer nur Bedenken haben, werden Sie nie weit kommen und keine neuen Wege beschreiten.

Hilft Ihnen die Kunst also für das Unternehmerische?

▶ Kreativität braucht es auch im Unternehmen. Sie zu trainieren ist auf jeden Fall sinnvoll. Auch die Unterscheidung zwischen Richtig und Falsch wird durch die Malerei trainiert. Man lernt, sich zu entscheiden, sich schnell zu entscheiden.

Und andersherum? Hilft Ihnen das Unternehmerische in der Kunst?

▶ Das Pragmatische, das der Unternehmer hat, kann auch dem Künstler nicht schaden. Am Ende muss auch der Künstler mit einer gewissen Effizienz Produkte herstellen, für die es einen Markt geben muss.

Kommt nicht erst dann große Kunst zustande, wenn Menschen ihre Ideen verfolgen, ohne auf den Markt zu achten? Und wenn sie sich um Effizienz nicht scheren?

▶ Ganz oben muss die Kreativität stehen. Aber ohne eine Portion Realitätssinn wird ein Künstler kaum durchs Leben kommen oder gar Erfolg haben. Die meisten großen Künstler waren auch gute Geschäftsleute.

Viele Künstler zweifeln häufig, ja, verzweifeln manchmal fast an ihrer Kunst. Kennen Sie das auch?

▶ Also ich zerschneide keine Leinwände. Solche existenziellen Krisen kenne ich nicht. Es gibt aber schon Situationen, in denen ich für einen Moment nicht weiß, wie es weitergehen soll. Dann stelle ich das Bild zur Seite und schaue es mir nach geraumer Zeit wieder an. Dann bin ich auch mutiger, etwas zu übermalen, das nicht gut war. Im Arbeitsprozess ist immer die Gefahr, dass man sich zu sehr ins Detail verliebt und dabei den Blick fürs Ganze verliert. Auch hier liegt eine wichtige Lektion fürs Unternehmen, denn auch dort droht diese Gefahr.

Wie hoch ist denn Ihr Output?

▶ So zwischen 50 und 100 Arbeiten sind früher im Jahr entstanden. Heute sind es nicht mehr ganz so viele.

Und die Ausschussrate?

▶ Ausschuss gibt es eigentlich gar nicht. Es gibt Arbeiten, die weniger gelungen sind, und Arbeiten, die besser gelungen sind. Und die weniger guten bleiben so lange im Atelier, bis sie auch vorzeigbar sind.

Es gibt sehr großformatige Bilder von Ihnen. Freuen Sie sich darauf oder macht Ihnen so eine große leere Leinwand nicht auch Angst?

▶ Auch auf eine große Herausforderung freue ich mich. Aber ich muss sagen: Ohne einen konkreten Auftrag mache ich diese großformatigen Bilder nicht.

Wer beauftragt Sie?

▶ Das ist unterschiedlich: die öffentliche Hand, die Kirche, Universitäten, Kammern oder auch Privatleute. Mein frühestes großformatiges Mosaik habe ich bereits 1958 für das Ludwigsgymnasium in München

»Mein Vater hat gesagt: ›Mach die Kunst nebenbei. Du hast ein gutes Unternehmen, aus dem kannst du etwas machen. Ob du auf dem anderen Sektor so erfolgreich sein wirst, das weißt du nicht.‹«

Claus Hipp in seinem Atelier in einem alten Forsthaus in der Nähe des Firmensitzes

gemacht, weil ich dort selbst viele Jahre Schüler war. Es zeigt Platons Höhlengleichnis. Für die St.-Benno-Kapelle im Münchner Dom, in der ich auch jeden Sonntag ministriere, habe ich 1993 ein großes Ölbild gemacht. Ein späteres Werk befindet sich im Haus der Deutschen Wirtschaft in Berlin; das habe ich zusammen mit meinen georgischen Studenten für das dortige Foyer konzipiert. Das war 2007. Und im letzten Jahr gab es zwei große Glasbilder, die die Firma Gustav van Treeck auf Basis meiner Bilder umgesetzt hat. Das eine hängt in einer Geburtsklinik in Westfalen und das andere in der Kapelle des St.-Franziskus-Seniorenheims hier in Pfaffenhofen.

Haben Sie bei der Malerei eine bestimmte Technik, eine Vorgehensweise?

► Ich beginne immer mit den großen Flächen. Wenn die grobe Form gut im Raum sitzt, dann kann nicht mehr viel Schlimmes passieren. Und dann arbeite ich mich perspektivisch von hinten nach vorne. Dabei sind große Formate schwieriger als die kleinen Bilder. Ich male keine konkreten Gegenstände, sondern habe meinen eigenen, abstrakten Stil entwickelt. Auch da gibt es die Parallele zum Unternehmen. Wenn die groben Strukturen klar sind und die Marschrichtung stimmt, kann nicht mehr viel schiefgehen.

Haben Sie unter den Malern Vorbilder?

► Vorbilder habe ich nicht. Aber es gibt viele, bei denen ich mir Techniken abgeschaut habe. Paul Klee schätze ich besonders. Und auch Cézanne. Aber es gibt keinen, auf den ich besonders fixiert bin, den ich versuchte nachzumachen.

Sie malen in einem kleinen Haus im Wald, einige Minuten vom Firmensitz entfernt. Warum dort?

▶ Dort finde ich Inspiration und Ruhe. Meine Familie hatte sich zu Hause am Terpentingeruch gestört, da bin ich in dieses Atelier ausgewichen. Hier bin ich ungestört und störe auch niemanden.

Fließt das am Tag Erlebte in die Bilder ein?

▶ Der Tag und wie er ablief, das hat immer einen Einfluss auf das Malen. Das lässt sich nicht voneinander trennen.

Nach einem langen Arbeitstag in der Firma sind Sie über Jahrzehnte fast immer dann noch für ein paar Stunden in Ihr Atelier gegangen. Ist das Ihre Art von Müßiggang?

▶ Müßiggang kenne ich nicht.

Aber wann schalten Sie mal ab?

▶ Wenn ich schlafe.

Und wenn Sie malen? Ist das keine Art, mal abzuschalten?

▶ Dann schalte ich um.

Innovation und Wachstum

Als Ihr Großvater zum ersten Mal aus Zwieback ein Pulver für Babynahrung hergestellt hat, hat er die Weichen neu gestellt – weg von der Bäckerei, hin zum Hersteller von Babynahrung. Dabei sind Sie im Prinzip bis heute geblieben. Warum eigentlich? Gab es keine Notwendigkeit, neue Richtungen auszuprobieren?
▶ Wir sind ein paarmal in neue Richtungen gegangen, in neue Marktsegmente. Aber nicht so erfolgreich. Wir haben mal Nahrung für Übergewichtige und Diabetiker gemacht. Und wie mein Sohn schon näher erzählt hat: Auch Sportlernahrung haben wir einmal ausprobiert. Aber wir mussten immer feststellen, dass wir dafür nicht die richtige Marke haben. Hipp steht für Kind und Familie.

Trotzdem blieb Hipp auf Wachstumskurs. Stand es immer außer Frage, dass das Unternehmen kräftig wachsen soll?
▶ Gesund wachsen, ja.

Heute wird das Wachstum gerne auch mal infrage gestellt. Getreu dem Motto: Wenn immer alles wächst, ist die Welt irgendwann aufgebraucht.
▶ Das sagen Leute, die von Wirtschaftswissenschaften keine Ahnung haben. Das magische Dreieck ist Wachstum, Beschäftigung und Geldwertstabilität. Wenn eines davon nicht funktioniert, gehen alle drei unter.

Ich glaube, dass nicht wenige in Ihrer ökologisch angehauchten Klientel diesem Wachstumsparadigma skeptisch gegenüberstehen.

▶ Ich predige kein rücksichtsloses Wachstum, sondern eines im Einklang mit den begrenzten natürlichen Ressourcen. Sie zu erhalten und klug zu verwalten ist die ureigene Aufgabe des Volkswirts und des Unternehmers.

Ein wachsendes Unternehmen braucht kreative Mitarbeiter. Kann man Kreativität erlernen?

▶ Kreativität hat man oder hat sie nicht. Ich habe einen Freund gehabt, der war ein sehr kreativer Wissenschaftler. Er hat zu mir gesagt: »Ich kann dir jede Woche ein paar neue Produkte vorschlagen, aber verkaufen musst du die Produkte.« Ich glaube, es ist einfacher, sich neue Dinge auszudenken, als sie dann tatsächlich auch zu verkaufen und zu einem Erfolg zu machen. Ideen gibt es genug, bei uns im Unternehmen und bei vielen anderen auch.

Wie kommen Sie auf gute Ideen?

▶ Die besten kommen einem in der Nacht. Wenn ich mit einem Problem einschlafe, wache ich oft mit einer Lösung auf.

Claus Hipp ist schwer zu fassen. Ein grüner 68er könnte er sein, mit seinem Biolandbau, seiner harschen Kritik an der Gentechnik, seiner künstlerischen Ader. Doch der wertkonservative, CSU-nahe, tief religiöse Janker-Träger würde wohl sehr fremdeln in einer linken Kommune. Er träumt von Deregulierung, nicht Demilitarisierung; von einer florierenden Marktwirtschaft, nicht Marxismus. »Die Kluft zwischen Arm und Reich wird immer größer«, sagt Hipp. Aber auch: »Wir sehen ein Überborden des Sozialstaates.« Hipp nimmt sich die Freiheit, sich in kein Schema pressen zu lassen, zu tun, was er für anständig, vernünftig und notwendig hält. Getreu dem Wahlspruch seines Vaters Georg: »Fürchte Gott, tue recht und scheue niemand.«

VIERTES KAPITEL

Politik und Wirtschaft

Deutschland, Europa und Bayern

Wenn Sie heute auf Deutschland schauen und es in einem Bild darstellen sollten – wie würde dieses Bild aussehen?

▶ Es wäre auf jeden Fall ein Bild mit einer positiven Grundstimmung. Es gibt viele Menschen, die das Schicksal des Landes positiv beeinflussen, die es grundsätzlich gut meinen. Aber wir haben auch schon das Gegenteil erlebt: dass ein Regime regierte, das einfach böswillig war. Sicher gibt es heute unterschiedliche Meinungen, gute und schlechte, aber davon lebt nun mal die Demokratie. Natürlich könnte man auch darüber diskutieren, ob das, was wir heute haben, noch die beste Form der Demokratie ist.

Eine Demokratie ist immer anfällig und nie in Stein gemeißelt.

Was meinen Sie damit?

▶ Die Demokratie in der Urform gab es 600 v. Chr. in Athen unter Solon. Aber eine Demokratie ist immer anfällig und nie in Stein gemeißelt. Alle Demokratien der Griechen sind durch eine Alleinherrschaft abgelöst worden, wie Aristoteles später festgestellt hat. Wenn das geschieht, kann viel Böses passieren.

Sehen Sie unsere Demokratie auf dem Weg dorthin?

▶ In der Bevölkerung gibt es zumindest vielfach das Gefühl der Ohnmacht des Einzelnen. Ich habe schon Sorge, dass wieder Dinge passieren können wie im letzten Jahrhundert. Und ich sehe keine starke Gegenbewegung, die darauf hinweist, was alles passieren kann, wie groß die Nachteile sind, wenn einige wenige die Macht an sich reißen.

»Jemand, mit dem ich unbedingt ein Bier trinken möchte? Mit Dr. Otto von Habsburg, dem schon verstorbenen EU-Politiker und Sohn des letzten Kaisers von Österreich. Ich kannte ihn und habe ihn sehr geschätzt.«

Claus Hipp und Otto von Habsburg 1990 bei einer Ausstellung von Claus Hipp in der Münchner Galerie Rieder

Wer soll das sein? Rechte? Linke?

▶ Es gibt viele Kräfte, die undemokratisch wären, wenn sie an der Macht wären.

Es gab mal eine Analyse der Citibank, wonach einige kapitalistische Länder keine Demokratien mehr seien, darunter die USA. Die Macht liege dort faktisch nicht beim Volk, sondern bei einer reichen Elite. Wird die Demokratie nicht nur von rechts und links gefährdet, sondern auch von oben?

▶ In Deutschland sehe ich das nicht. Das Grundgesetz formuliert starke Rechte, das Wahlrecht und die Gewaltenteilung funktionieren. In unserer Gesellschaft kann immer einer von unten nach oben kommen und Erfolg haben. Mein Vater hat ein Handwerk gelernt.

Aber ist denn die Gesellschaft wirklich noch so durchlässig von unten nach oben, wie sie es sein sollte? Viele Studien zeigen, dass die Aufstiegschancen abnehmen.
▶ Persönlich sehe ich diese Aufstiege von unten nach oben. Ich wüsste nicht, was einen so recht daran hindert, wenn man hart arbeitet.

Ist die soziale Marktwirtschaft also das richtige Wirtschaftssystem?
▶ Mir ist kein Wirtschaftssystem bekannt, das erfolgreicher wäre. Ich meine aber nicht unbedingt unsere heutige soziale Marktwirtschaft, die einige Mangelerscheinungen hat, sondern eher die Marktwirtschaft unter Ludwig Erhard, die auch den Mut und Einsatz der Tüchtigen honoriert hat.

Wir sprachen schon von Ihrem Lehrer in der Malerei, Heinrich Kropp. Er war ursprünglich ein glühender Kommunist. Hat von dem kommunistischen Gedankengut bei Ihnen nichts verfangen?
▶ Es ist vor allem hängen geblieben, dass er ein guter Mensch war. Aber ich habe meine Doktorarbeit über kommunistisches Arbeitsrecht geschrieben und mich mit dem Kommunismus reichlich beschäftigt. Er kann nicht funktionieren, weil das Einzelinteresse zu kurz kommt. Die Mehrarbeit des Einzelnen lohnt sich am Ende weniger – das bremst den Einzelnen und am Ende das ganze System.

Aber lebten denn nicht die frühen Christen wie Kommunisten, quasi ohne persönliches Eigentum?

▶ Ja. Und es hat nicht funktioniert. Die Menschen sind für Gerechtigkeit. Wenn immer nur geteilt wird, aber die Leistungen der Einzelnen unterschiedlich sind, dann führt das irgendwann einmal zu Spannungen.

Papst Johannes Paul II., den Sie sehr bewunderten, war als Verfolgter eines kommunistischen Regimes verständlicherweise kein Fan des Kommunismus. Aber er warnte auch laut und eindringlich vor den Gefahren des Kapitalismus.

▶ Der Kapitalismus hat natürlich auch Exzesse gebracht, die zu kritisieren sind. Die Marktwirtschaft, die ich meine, ist etwas anderes als der Raubtierkapitalismus. In der sozialen Marktwirtschaft wird der Tüchtige belohnt, aber sein Erfolg wird gebremst durch die soziale Komponente. Wichtig ist: Verteilen kann man Geld nur einmal, und dann muss man schauen, wo wieder etwas herkommt. Neues Geld kommt nur aus der wirtschaftlichen Tätigkeit.

Wie sozial sind Sie als Unternehmer?

▶ Es kommt bei uns immer wieder vor, dass wir soziale Aspekte über das Monetäre stellen. Wir haben einmal eine kleinwüchsige Dame eingestellt, die früher beim Circus Krone in der Elefantennummer auftrat. Als sie das nicht mehr machen konnte, kam sie zu uns. Aufgrund ihrer Qualifikationen hätten wir sie wohl nicht eingestellt. Es ging darum, ihr zu helfen, und sie war dann glücklich hier bei uns. In den seltenen Fällen, in denen wir mal kündigen müssen, fragen wir uns auch immer ganz genau, wen es trifft. Da kann es sein, dass der tüchtige Junggeselle gehen muss und der weniger tüchtige Familienvater mit mehreren Kindern bleiben kann. Objektiv gesehen ist das sicherlich eine Ungerechtigkeit. Aber die soziale Komponente ist eben auch eine Verpflichtung.

Lassen Sie gern den Betriebsrat bei so etwas mitentscheiden?

▶ Gerade in sozialen Angelegenheiten ist es wichtig, dass der Betriebsrat Bescheid weiß und die getroffenen Maßnahmen mitträgt. Wenn alle die Spielregeln einhalten und das Wohl aller im Auge haben, dann kommen wir gut miteinander zurecht.

Wie steht es insgesamt um unseren gesellschaftlichen Zusammenhalt? Es gab Bürgerproteste gegen Flüchtlinge, gegen Diesel-Fahrverbote, gegen Corona-Schutzmaßnahmen.

▶ Solchen Protesten würde ich nur so viel Aufmerksamkeit schenken, bis ich den Kern des Anliegens verstanden habe. Unmutsäußerungen hat es immer gegeben. Der österreichische Kaiser Franz-Josef hat einmal gesagt: »Dem Volk geht es am besten, wenn es mäßig unzufrieden ist.«

Es gibt einen Teil der Bevölkerung, der offenbar mehr als nur mäßig unzufrieden ist. Da werden das System, der Rechtsstaat oder auch die Wissenschaft infrage gestellt, stattdessen wird Verschwörungstheorien gehuldigt.

▶ Die Unzufriedenheit mit dem System oder mit Institutionen kommt auch daher, dass die Institutionen nicht durchschaubar scheinen. Wenn wir hier besser informieren, wird manches auch anders gesehen werden.

Auch die EU ist für viele undurchschaubar und ein Feindbild. Durch den Brexit ist sie zusätzlich geschwächt. Wie schlimm ist der Brexit?

▶ Das ist eine massive Störung in Europa. Ich bin überzeugt: Wenn die Briten richtig aufgeklärt worden wären über die Vor- und Nachteile des Brexits, dann wäre es nie so weit gekommen. Aber da hat eine Seite Stimmungsmache betrieben und die andere Seite hat geschlafen.

Das muss uns eine große Warnung sein. Denn so etwas kann in jedem Land passieren. Ich bedaure den Brexit sehr. Auch weil er wirtschaftliche Nachteile mit sich bringt, nicht zuletzt auch für die Briten. Sie stellen nur noch wenige Autos her, müssen die meisten also teuer importieren. Auch Babynahrung stellen sie übrigens praktisch nicht mehr her.

Ist doch gut für Sie.

▶ Das ist nur auf den ersten Blick gut. Wir möchten, dass es den Briten insgesamt gut geht und dass die Kaufkraft dort erhalten bleibt. Denn nur dann können wir dort unsere Produkte absetzen. Wenn die Kaufkraft auf Dauer nicht reicht, geht es um mehr als nur die Wirtschaft. Dann geht es um die innere Stabilität.

Gerät Europa durch den Brexit ernsthaft in Gefahr?

▶ Das glaube ich nicht. Schöner wäre es, wenn die Briten dabeigeblieben wären. Aber die Schweiz und Norwegen sind auch nicht dabei, und es funktioniert sowohl in der EU als auch miteinander trotzdem nicht so schlecht.

Die AfD war zu Beginn keine Anti-Flüchtlingspartei, sondern eine eurokritische Bewegung. Diese Haltung fand auch viel Unterstützung bei Unternehmern. Können Sie das nachvollziehen?

▶ Nein, das kann ich nicht. Ich bin der festen Überzeugung, dass ein großes Europa auch ein starkes Europa sein wird. Ich hoffe, dass sich die Vernunft irgendwann mal wieder durchsetzt …

… und die AfD verschwindet?

▶ Ein weiteres Wachstum der AfD ist zumindest das Letzte, was wir brauchen.

Was ist die richtige politische Antwort auf die AfD? Das Nacheifern hat sich für die CSU zumindest nicht ausgezahlt.

▶ Nein, wichtig ist die klare Abgrenzung und das Bekenntnis zur politischen Mitte. Die CSU steht für die Mitte der Gesellschaft. Ich persönlich brauche rechts davon nichts und links davon eigentlich auch nicht. Wichtig aber ist das C.

Das Christliche.

▶ Ja. Ich wünsche mir, die CSU würde das mehr beherzigen.

Welche christlichen Aspekte meinen Sie?

▶ Zum Beispiel die Würde des menschlichen Lebens in allen Lebensphasen. Ich meine auch die soziale Verantwortung. Und ich meine religiöse Fragen.

Die CSU hat in den Behörden Kreuze aufhängen lassen. Eine gute Idee?

▶ Ich halte Kreuze an der Wand für richtig.

CSU-Chef Markus Söder hat das öffentlich inszeniert. Wahlkampf mit dem Kreuz, das fand selbst die Kirche nicht gut.

▶ Also, wir sind ein christliches Land und das sollten wir auch zeigen dürfen. Wir hatten schon mal Zeiten in Deutschland, in denen die Kreuze verboten waren.

Der frühere Bundespräsident Christian Wulff hat einmal gesagt: »Der Islam gehört zu Deutschland« – und hat damit eine große Debatte entfacht. Gehört der Islam zu Deutschland?

▶ Er gehört nicht ursprünglich zu Deutschland, aber er wird hier akzeptiert.

Haben Sie ein Problem damit, jemanden mit muslimischem Glauben einzustellen?

▶ Überhaupt nicht. Ende der 50er-Jahre haben wir viele türkische Mitarbeiter eingestellt, die uns geholfen haben, die Firma aufzubauen. Ohne sie wäre manches nicht möglich gewesen.

Fühlen sie sich vielleicht unwohl, weil hier Kreuze an den Wänden hängen?

▶ Nein, unsere muslimischen Mitarbeiter fühlen sich wohl hier. Sie wissen zu schätzen, dass das Christentum tolerant ist. Und mir ist ein gläubiger Moslem näher als ein Atheist.

Es sind Hunderttausende muslimische Flüchtlinge in den vergangenen Jahren nach Deutschland gekommen. Es gab nicht wenige CDU- und CSU-Politiker, die dagegen Stimmung gemacht haben. Verträgt sich das mit dem C im Parteinamen?

▶ Wenn Menschen in Not sind, dann müssen wir ihnen helfen. Punkt. Die Nächstenliebe gegenüber Flüchtenden oder Armen gehört zu den zentralen Botschaften der Bibel. Davon abgesehen brauchen wir die Zuwanderung auch aus wirtschaftlichen Gründen, weil wir nicht genügend Geburten haben. Wir waren immer ein Zuwanderungsland in Bayern. Menschen sind gekommen und in der nächsten Generation waren sie dann echte Bayern.

Nächstenliebe gegenüber Flüchtenden oder Armen gehört zu den zentralen Botschaften der Bibel.

Also haben Sie kein Verständnis für Menschen, die sich vor Zuwanderung fürchten?

▶ Die Leute sollen sich mit der Geschichte beschäftigen. Nach dem Zweiten Weltkrieg hatten wir massive Zuwanderung aus dem heutigen Tschechien. Wo sich besonders viele angesiedelt haben, gab es auch beson-

»Wir sind ein christliches Land und das sollten wir auch zeigen dürfen. Wir hatten schon mal Zeiten in Deutschland, in denen die Kreuze verboten waren.«

Claus Hipp 2019 in seiner Lithografiewerkstatt

ders viele Impulse und geistigen Aufschwung. Gegen die Veränderungen, die der Zuzug damals gebracht hat, und die Entbehrungen, die es für diejenigen bedeutete, die Flüchtlinge aufgenommen haben, ist die heutige Belastung nichts.

Der Bundesverband der Arbeitgeber hat vor einiger Zeit gesagt, dass die Integration der Flüchtlinge sehr gut verlaufen sei. Bundeskanzlerin Angela Merkel hatte versprochen: »Wir schaffen das.« Hatte sie also recht?

▶ Ja.

Nach all dieser Aufregung ein trockenes Ja.

▶ Ja. Und das habe ich vor zwei Jahren auch schon gesagt.

Bundeskanzlerin Angela Merkel hat ihren Rückzug aus der Politik angekündigt. Werden Sie sie vermissen?

▶ Früher war ich der Vorsitzende des Umweltausschusses des DIHK. Da hatte ich des Öfteren mit Frau Merkel zu tun und habe sie als sehr verständig in Wirtschaftsfragen erlebt. Sie ist sehr klug und hat durch ihre Ausbildung als Physikerin auch sehr viel technischen Verstand. Sie ist persönlich bescheiden, in der Sache aber hart. Sie hat wirklich Großes geleistet. Ihre Familie kommt aus einer recht rauen Gegend in Ostpreußen. Wer sich da durchgesetzt hat, war dann sehr belastbar.

Gilt das auch für Menschen mit Schweizer Genen?

▶ Ja, schon. Zumindest für viele Regionen in der Schweiz.

Sie sind von der Abstammung her Schweizer und Deutscher. Wo ist Ihre Heimat?

▶ Wen haben Sie lieber, Ihren Vater oder Ihre Mutter?

Das kann ich nicht sagen.

▶ Das ist bei mir nicht anders. Ich fühle mich in Deutschland und in der Schweiz zu Hause. Und in Österreich fühle ich mich auch wohl, das ist auch fast schon meine Heimat. Es ist als Land der Schweiz recht

»Wenn Menschen in Not sind, müssen wir ihnen helfen. Punkt. Die Nächstenliebe gegenüber Flüchtenden oder Armen gehört zu den zentralen Botschaften der Bibel. Davon abgesehen brauchen wir die Zuwanderung auch aus wirtschaftlichen Gründen.«

Claus Hipp verteilt in Georgien Spenden an Flüchtlinge aus Ossetien

ähnlich, wir sind dort schon seit langer Zeit als Unternehmen tätig. Auch Ungarn fühle ich mich sehr verbunden. Es ist das Land, aus dem meine Familie vor langer Zeit nach Bayern eingewandert ist. Das ist eine gefühlte Heimat.

Wenn Sie länger unterwegs waren und nach Hause zurückkommen, über was freuen Sie sich am meisten?

▶ Die Landschaft ist für mich schon wichtig, etwa die Berge. Nur so ein ganz ebenes Land, da würde ich schon viel vermissen.

Berge gibt es hier, nördlich von München, aber auch nicht gerade.

▶ Aber sie sind nicht weit. Und wir können sie bei gutem Wetter wenigstens sehen.

»Angela Merkel und ich haben lange Zeit in die gleiche Richtung gekämpft. Sie hätte bei Umweltthemen bestimmt größere Schritte gemacht, wenn sie nicht auch viel Rücksicht hätte nehmen müssen.«

Claus Hipp hatte in den 90er-Jahren als Vorsitzender des Umweltausschusses des DIHK häufig mit der damaligen Bundesumweltministerin Angela Merkel zu tun

Anstand

Sie haben vor einigen Jahren das Buch *Achtung Anstand!* veröffentlicht. Warum braucht es ein Buch, das für Anstand plädiert?

▶ Früher wurde im Elternhaus viel über Anstand vermittelt. Auch in den Schulen wurde mehr über Anstand geredet. Heute gibt es oft andere Schwerpunkte, und so ist selbst das Minimum an Anstand, das für das menschliche Zusammenleben wichtig ist, heute keine Selbstverständlichkeit mehr.

Welche anderen Schwerpunkte gelten denn heute?

▶ Mein Eindruck ist, dass es in der Ausbildung eher um das Verdienen geht als um das Dienen. Beides ist wichtig, aber es sollte sich die Waage halten.

Verdienen statt dienen, da fällt mir Donald Trump ein. Er ist vielleicht der unanständigste Präsident, den die USA je hatten, ist aber zugleich das Sprachrohr vieler christlicher Wähler. Was soll man davon halten?

▶ Er sagt so viel Unkluges, dass selbst dann, wenn er mal was Kluges sagen sollte, Zweifel aufkommen.

Trump hat einen Trend zu populistischen Staatschefs eingeläutet. Macht Ihnen das Sorgen?

▶ Wenn die Dummheit Macht gewinnt, dann müssen wir Angst haben.

Das beste Mittel dagegen wären kluge Wähler, die den populistischen Schwindel erkennen. Warum gibt es nicht genügend solcher Wähler in den USA oder Brasilien?

▶ Die Bildungssysteme sind ein Problem. Es gibt teilweise tolle Spitzenleistungen an den Universitäten. Aber darauf kommt es gar nicht an, wenn es um eine verantwortungsvolle Entscheidung als Wähler geht. Dafür braucht es gesunden Menschenverstand und Allgemeinbildung. Daran hapert es anscheinend.

Wie vermittelt man gesunden Menschenverstand?

▶ Die Lehrer in den Schulen brauchen aus meiner Sicht mehr Freiheiten und sollten nicht sklavisch einen Lehrplan durchziehen müssen. Für die wichtigsten Fragen in der Erziehung bleibt in den Schulen oft am wenigsten Zeit. Die Schulen sollten, ganz nach dem Prinzip von Pestalozzi, die Grundprinzipien von Haupt, Hand und Herz vermitteln, statt den Kindern einfach nur Wissen einzutrichtern. Aristoteles hat gesagt, Menschen bilden bedeute nicht, ein Gefäß zu füllen, sondern ein Feuer zu entfachen.

Die Wirtschaft hat sich in Sachen Anstand auch nicht mit Ruhm bekleckert: der Cum-Ex-Skandal, die Dieselskandale, Wirecard. Wie schlimm sind solche Skandale für den Ruf der deutschen Wirtschaft?

▶ Nehmen wir mal den Dieselskandal: Unsere Diesel sind eigentlich eine tolle Technik. Damit sind wir weltweit führend. Aber das, was VW gemacht hat, ist natürlich unverzeihlich. Und es haben die führenden Leute im Unternehmen auch gewusst. Zum Teil hat VW gezielt betrogen, zum Teil wurden gesetzliche Spielräume voll ausgenutzt. Diese beiden Sachverhalte muss man klar unterscheiden. Etwas gerade noch so zu machen, wie es das Gesetz verlangt, ist im juristischen Sinne kein Verbrechen.

Das klingt, als wollten Sie die verantwortlichen Manager in Schutz nehmen.

▶ Nein, keineswegs. Wo bewusst betrogen wurde, ist das unverzeihlich.

Viele Manager kassieren Millionengehälter. Was, wenn sich später herausstellt, dass sie Milliardenschäden verursacht haben? Sollten sie dafür nicht haften müssen?

▶ Ich würde die Manager für solche Dinge haften lassen. Das warme Abendessen sei ihnen aber weiter zugestanden.

»Mir ist sehr wichtig, dass die operativ verantwortlichen Familienmitglieder im Unternehmen von den Nicht-Operativen nicht überstimmt werden können. Wer arbeitet und das Risiko hat, der soll auch das Sagen haben.«

Claus Hipp als 71-Jähriger auf dem Weg zum Kampenwand-Westgipfel in den Chiemgauer Alpen

»Gott ist der Herrscher über alles – und eben nicht der Mensch. Wir können viel tun und sollen das auch. Aber wir sind nicht die Herrscher der Welt.«

Claus Hipp auf der Turmspitze der von ihm renovierten Kirche Herrnrast in der Nähe von Pfaffenhofen

Ein wichtiger Abnehmer Ihrer Produkte ist die Drogeriemarktkette dm. Deren Inhaber, Götz Werner, macht sich auch viele Gedanken über Ethik und das gesellschaftliche Miteinander, schreibt auch das Thema Ökologie groß. Sind Sie Brüder im Geiste?

▶ Er ist ein großer Kunde von uns. Aber er kommt aus der Denkrichtung der Anthroposophie, mit der ich wenig am Hut habe. Mein Klassenlehrer am Gymnasium hat in seiner Jugend viel Zeit bei den Anthroposophen verbracht. Er hat uns regelrecht dagegen geimpft, das habe ich bis heute nicht vergessen.

Auch auf die Gefahr hin, dass Sie die Geschäftsbeziehung zu dm kaputt machen – was ist denn so schlimm an der Anthroposophie?

▶ Die Anthroposophie geht davon aus, dass der Mensch alles kann. Also so, als ob der Mensch eine Leiter an den Mond legen und hochsteigen könnte. Die christliche Einstellung dagegen ist, dass es einen Gott gibt, der der Herrscher über alles ist – und eben nicht der Mensch. Wir können als Menschen schon viel tun und sollen das auch. Aber wir sind nicht die Herrscher der Welt.

Wohl ausgehend von dem Menschenbild, das Sie eben skizziert haben, wirbt Götz Werner für das bedingungslose Grundeinkommen. Also für ein monatliches Einkommen für jeden Bürger, unabhängig davon, ob er arbeitet oder nicht. Er geht davon aus, dass die Menschen mehr zustande bringen, wenn sie nicht wegen des wirtschaftlichen Drucks arbeiten, sondern weil sie sich verwirklichen wollen. Haben Sie sich mit der Idee mal befasst?

Es ist klar, dass wir den Schwachen helfen müssen. Aber Tüchtigkeit muss sich rentieren.

▶ Natürlich. Das ist eine idealistische Sicht des Menschen. Menschen sind unterschiedlich. Der eine macht mehr, der andere weniger. Beim bedingungslosen Grundeinkommen müssen dann eben manche mehr arbeiten und das Grundeinkommen für die anderen miterwirtschaften. Ich glaube nicht, dass das der menschlichen Natur entspricht. Die meisten Menschen würden das als ungerecht empfinden. Es ist klar, dass wir den Schwachen helfen müssen. Aber Tüchtigkeit muss sich rentieren.

Haben Sie bei Ihren Mitarbeitern nicht die Erfahrung gemacht, dass sie aus eigenem Antrieb heraus viel leisten wollen? Dass sie mehr leisten, wenn man wohlwollend ist und ihnen vertraut, als wenn sie gezwungen werden?

▶ Grundsätzlich sind unsere Mitarbeiter motiviert und wollen das Beste für das Unternehmen. Manchmal kann neben Vertrauen ein gewisser Druck schon hilfreich sein. Wenn der eine nur noch Kaffee trinkt und der andere arbeitet, dann muss die Frage erlaubt sein: Wie viel Kaffee ist nötig?

Fünf Jahrzehnte nachdem Claus Hipp seinen Vater beerbt hat, kann er sich ein wenig zurücklehnen. Die nächste Generation hat die operative Führung und auch einen großen Teil der Firmenanteile übernommen. Der Patriarch kann über die großen strategischen Linien nachdenken, Wissen weitergeben und in der Schar der Enkel nach jenen Ausschau halten, die das Zeug zum Unternehmer haben. Er baut eine neue Firmenzentrale, nimmt Ehrungen entgegen (»Für Orden habe ich eine Schachtel; da schmeiße ich die rein«), zieht Bilanz seines Schaffens (»Die Sachen, die danebengegangen sind, sind in der Minderzahl«) und erfreut sich an der Generation Greta: »Man müsste sich auch mal anschauen, wie die Generation Greta in der Kindheit ernährt wurde. Meine Vermutung ist: Die haben viele Bioprodukte von Hipp bekommen.«

FÜNFTES KAPITEL

Der Unternehmer und sein Umfeld

Führung: Mit Wohlwollen und Gerechtigkeit

Ein Familienunternehmen ist eine ganz andere Welt als ein Konzern. Was können Sie besser als etwa Ihr übermächtiger Konkurrent Nestlé?

▶ Das ist ein großer und starker Lebensmittelhersteller, der größte der Welt. Aber wir waren in einigen Bereichen offensichtlich besser. 2015 hat Nestlé sich von der Babynahrungsmarke Alete getrennt, die in Deutschland auf Platz 3 hinter Hipp und Milupa war. Warum schätzen Verbraucher unsere Marke so sehr? Weil das gleiche Gesicht 30 Jahre lang für die Marke steht. Bei einem Konzern wie Nestlé ist alle paar Jahre jemand anderes für einen Bereich zuständig.

Gut, das ist die eine Sicht. Die andere ist: Ein Familienunternehmen tut sich schwer mit Veränderungen, denn da läuft jahrzehntelang alles gleich. Es kann ja auch gut sein, wenn neue Leute immer mal wieder frischen Wind reinbringen.

▶ Das kann sein. Wenn wir frischen Wind brauchen, dann können wir uns jederzeit einen neuen Mann oder eine neue Frau von außen holen. Also, wir haben viele Veränderungen bei unseren Wettbewerbern erlebt, die wir Gott sei Dank nicht mitgemacht haben.

Was haben die denn alles so falsch gemacht?

▶ Ich sage Ihnen lieber, was wir richtig gemacht haben. Wir haben auf ökologischen Landbau gesetzt, sind nicht größenwahnsinnig geworden, sondern bescheiden geblieben. Und wir haben immer viel investiert, um besser zu werden. Diese Grundhaltung ist tief verankert in den Köpfen unserer Mitarbeiter.

Was wir richtig gemacht haben: Wir haben auf ökologischen Landbau gesetzt und sind bescheiden geblieben.

Wie merken Sie, wenn etwas im Unternehmen aus dem Ruder läuft?

▶ Der Austausch innerhalb der Geschäftsleitung ist sicherlich die Grundlage. Aber man merkt es auch an der Bilanz. Da gibt es ein paar Zahlen, auf die ich schaue, und dann merke ich ganz schnell, was los ist. Wir hatten mal einen Vertriebschef, bei dem gab es ständig irgendwelche Ausreißer bei den Zahlen nach unten. Da hilft es auch nicht, wenn immer irgendwelche schönen Begründungen dafür serviert werden. Aber niemand hat nur Spitzenpersonal in einem Unternehmen – was auch okay ist.

Warum? Alle super – das wäre doch das Beste.

▶ Auch die ganz Normalen haben ihre Berechtigung im Unternehmen. Wenn Sie lauter Menschen mit spitzen Ellbogen haben, die sich gegenseitig bekämpfen, wird das nicht gut gehen. Wenn Sie nur welche haben, die sich gegenseitig auf die Schulter klopfen und Kaffee trinken, wird es auch nicht gehen. Sie brauchen das eine wie das andere. Die Dosierung macht es.

Sie haben eine bekannte und sympathische Marke. Das hilft sicherlich, die richtigen Leute zu bekommen.

▶ Die Marke hilft, wichtig ist aber auch, was für ein Image das Unternehmen als Organisation hat. Es spricht sich schon rum, welche besondere Unternehmenskultur wir hier leben.

So wie die Generation Greta gerade auf Umweltthemen abfährt, sollten Sie keine Schwierigkeiten haben in den nächsten Jahren, die besten Leute für sich zu gewinnen.

▶ Umweltbewusstsein ist ein Einstellungsaspekt, der bei uns abgeprüft wird. Man müsste sich auch mal anschauen, wie die Generation Greta in der Kindheit ernährt wurde. Meine Vermutung ist: Die haben viele Bioprodukte von Hipp bekommen.

Wie intensiv war in den Jahrzehnten eigentlich Ihr Kontakt zu den Mitarbeitern? Viele Chefs behaupten von sich, sie hätten eine Politik der offenen Tür, faktisch traut sich aber kaum einer rein.

▶ Es ist aber so: Grundsätzlich kann jeder zu mir reinkommen.

Einfacher ist es, wenn Sie auf die Mitarbeiter zugehen.

▶ Ich suche auch den Kontakt von hier aus. Mittags gehe ich immer mal wieder mit Mitarbeitern essen und suche auch sonst das Gespräch, wenn sich die Möglichkeit bietet. Nach den Firmenmessen lade ich die Mitarbeiter immer zum Frühstück ein und sitze dann mittendrin. Es ist aber nicht so, dass ich gar nicht mehr in mein Büro komme und nur bei den Mitarbeitern nach der Befindlichkeit forsche.

Meinen Sie, die Mitarbeiter kennen Sie wirklich, wissen, wie Sie sind?

▶ Ich glaube schon, dass sie mich ganz gut einschätzen können.

Was für ein Bild haben sie wohl von Ihnen?

▶ Das müssen Sie die Mitarbeiter fragen.

Und was für ein Bild sollten sie von Ihnen haben?

▶ Dass ich ein wohlwollender und gerechter Chef bin. Ich würde mich freuen, wenn sie mich mögen, mich schätzen, wenn sie das Gefühl haben, dass ich ein offenes Ohr für jeden habe. Zumindest bin ich bestrebt, dass es so ist.

Zu wie viel Prozent erreichen Sie das?

▶ Das ist schwer zu sagen. Aber ich hoffe, dass es so an die 70 Prozent sind.

Angenommen, ich wäre ein ganz anständiger Mitarbeiter, der aber richtig Mist gebaut hat und in Ihr Büro zitiert wird. Wie erlebt er Ihr Wohlwollen?

▶ Indem wir gemeinsam besprechen, wie wir verhindern, dass sich der Fehler wiederholt. Fehler machen darf jeder. Wer keine Fehler macht, arbeitet nicht.

Kommen wir von den Mitarbeitern zu den Externen. Hatten Sie schon mal Unternehmensberater im Haus?

▶ Das hatten wir schon recht häufig. Wir holen Berater, wenn wir in bestimmten Bereichen zu wenig Expertise haben, zum Beispiel in der IT, in rechtlichen oder steuerlichen Fragen. Auch hatten wir schon Berater zur Unternehmensstrategie. Die haben uns viel Geld gekostet und nichts gebracht. Ich denke: Wenn die richtig gut wären, dann wären sie selbst Unternehmer.

Mütter sind Ihre wichtigste Zielgruppe. Ist es da auch gut, viele Frauen in Führungspositionen zu haben?

▶ Wir haben viele Frauen bei uns und schätzen das auch sehr, denn unser Geschäft hängt ja, wie Sie sagen, sehr stark von Frauen ab. Frauen stehen alle Führungspositionen bei uns offen. Im Ausland, gerade auch in Osteuropa, haben wir viele Frauen an der Spitze.

Aus Ihrer Familie gibt es aber keine Frauen in Führungspositionen.
▶ Nein, es war die Entscheidung meiner Töchter, keine Position ganz oben im Unternehmen anzustreben, sondern sich stärker um ihre Familien zu kümmern. Sie haben durchaus wichtige Funktionen übernommen und tüchtig mitgearbeitet, aber eben nicht in höchsten Führungsfunktionen. Das haben sie ihren Brüdern überlassen. Für mich war das in Ordnung.

Was bedeutet Macht für Sie?
▶ Ich habe es gern, entscheiden zu können, Macht zu haben. Aber es kommt darauf an, wie ich die Macht einsetze, und vor allem darauf, dass ich sie nicht missbrauche.

Tun sich Menschen wie Sie, Sprösslinge von Unternehmerfamilien, leichter im Umgang mit Macht?
▶ Vielleicht hat man es leichter. Es ist aber nicht unbedingt nötig, dass man einflussreichen Verhältnissen entstammt. Man kann Kindern auch in der Erziehung den verantwortungsvollen Umgang mit Macht beibringen, kann ihnen spielerisch Verantwortung übertragen, sodass sie den Umgang lernen können.

Fühlen Sie sich manchmal ohnmächtig?
▶ Ja, wenn ich im Orchester sitze und dem Dirigenten ausgeliefert bin.

*»Bei 14 Enkelkindern mache ich mir
um die Zukunft keine Sorgen. Die ganz Kleinen
sind gerade ein Jahr alt, die Größte macht
jetzt Abitur. Vielleicht tut sich irgendwann
ein sehr tüchtiges Enkelkind hervor.«*

Zwei Enkelkinder von Claus Hipp packen in der Firma mit an

Da sind Sie selber schuld.

▶ Es ist eine bewusste Auszeit von der Macht. Es tut auch mal gut, nicht entscheiden zu müssen. Wobei, eine Macht hätte ich: Ich könnte falsch spielen und den Dirigenten zur Verzweiflung bringen.

Der kleine Mann hat auch seinen Einfluss, das sollten die Mächtigen nicht vergessen! Wie steht's eigentlich um Ihre Macht zu Hause?

▶ Da habe ich schon einen gewissen Einfluss. Es gibt aber durchaus Bereiche, wo ich überhaupt keine Macht habe. In der Küche zum Beispiel. Da muss ich mich den Spielregeln fügen.

Jetzt stellen Sie schon Ihr ganzes Leben lang Essen her, dürfen aber in der Küche nicht mitreden.

▶ In der heimischen Küche nicht, das ist der Bereich meiner Frau. In der Küche im Unternehmen, wo die neuen Produkte entstehen, da darf ich mitreden.

Es fällt auf, dass Sie in der Öffentlichkeit wenig über Ihre Familie sprechen. Warum diese Zurückhaltung?

▶ Das halten wir aus der Kommunikation absichtlich raus. Über Jahre hatten wir immer wieder Probleme mit Bedrohungen oder Erpressungsversuchen. Da hat uns die Polizei geraten, zur Sicherheit nicht über die Familie zu sprechen.

Abgesehen von der Sicherheit – geht es vielleicht auch darum, nicht zu viel preiszugeben von der Privatsphäre?

▶ Auch das. Meine Familie möchte das nicht und das respektiere ich natürlich.

»Meine Familie möchte nicht viel von der Privatsphäre preisgeben und das respektiere ich natürlich.«

Claus Hipp mit seiner Frau Ute – nur selten gewähren die Hipps solche Einblicke in das Leben der Familie

Das hat Sie aber nicht davon abgehalten, etwas zu tun, was viele andere Unternehmer scheuen würden: Sie sind als Person in die Werbung gegangen. Und mehr noch, Sie haben dort versprochen, dass Sie mit Ihrem Namen für die Qualität der Produkte einstehen. Haben Sie es nie bereut, sich öffentlich so weit aus dem Fenster gelehnt zu haben?

▶ Eigentlich nicht. Denn ich habe in der Werbung nur das gesagt, was ich ohnehin tue: Ich trage tagtäglich die Verantwortung, die Haftung. Das kann ich den Verbrauchern auch sagen. Aber klar ist auch: Wenn man sich so persönlich zur Qualität bekennt, muss man auch liefern. Sonst kann man tief fallen.

»Wenn man sich so persönlich zur Qualität bekennt, muss man auch liefern. Sonst kann man tief fallen.«

Claus und Stefan Hipp 2011 bei Dreharbeiten für einen Werbefilm. Claus Hipp führte das Werbeversprechen »Dafür stehe ich mit meinem Namen« 1991 ein. Seit 2017 sagt Stefan den bekannten Satz

Was sagen andere Unternehmer dazu?

▶ Es gibt viele, die das generell ablehnen. Es gibt aber auch viele, die uns bewundern. Es gibt auch welche, die uns kopieren. Manche sagen auch: »Das ist ein Vorteil, den ihr habt, denn wir als Aktiengesellschaft können das nicht machen.« Sie können keinen Manager in den Vordergrund stellen, der mit seinem Namen für die Qualität haftet und dann womöglich nach einem halben Jahr nicht mehr an Bord ist.

Hat Ihnen schon mal jemand gesagt, dass er es eitel findet, wie Sie sich in der Werbung in den Vordergrund gestellt haben?

▶ Nein, das hat mir noch niemand gesagt. Bei den Werbefilmen achten wir schon sehr genau darauf, dass kein falsches Bild vermittelt wird.

Für Sie persönlich dürfte die Werbung viel verändert haben. Anders als viele andere Unternehmer in Deutschland werden Sie auf der Straße erkannt, was auch viele Einschränkungen mit sich bringt. Ist das nicht ein hoher Preis?

▶ Ich werde schon erkannt, aber das schränkt mich nicht sehr ein.

Wenn Sie im Drogeriemarkt auftauchen, müssen Sie wahrscheinlich Autogramme schreiben.

▶ Es kommt schon vor, dass jemand ein Autogramm haben will, dann schreibe ich halt eins. Ich habe einen kurzen Namen, da schaffe ich viele Autogramme in kurzer Zeit.

Zu Ihrem bislang letzten runden Geburtstag, dem 80., gab es viele Ehrungen. Wie wichtig ist Ihnen so etwas?

▶ Die Ehrungen nehme ich gern entgegen, wenn es Auszeichnungen für die Gesamtleistung sind, für das Unternehmen. Ich hänge die Auszeichnungen dann immer ins Betriebsrestaurant, damit alle sie sehen und sich freuen können. Für persönliche Auszeichnungen, also etwa Orden, für die habe ich eine Schachtel; da schmeiße ich die rein.

Das klingt jetzt aber nicht sehr respektvoll.

▶ Gut, ich könnte Sie mir natürlich auch an den Hut stecken.

Bei so einem runden Geburtstag zieht man auch gerne einmal Bilanz. Wie ist Ihre Bilanz für die ersten 80 Jahre ausgefallen?

▶ Es gibt vieles, was mir gut gelungen ist, und vieles, was mir misslungen ist. Die Sachen, die danebengegangen sind, sind aber in der Minderzahl. Also alles in allem eine positive Bilanz.

Mit Dingen zu scheitern ist auch wichtig, denn man kann eine Menge daraus lernen. Ich kenne einen Unternehmensberater, der lädt Unternehmer zu Seminaren ein, bei denen sie sich im kleinen Kreis einmal gegenseitig berichten können, wie es war, bei einer Sache so richtig zu scheitern, und was sie daraus gelernt haben. Welche Misserfolge waren für Sie wichtig?

▶ Wie hoch ist die Auflage dieses Buches noch mal?

Das steht noch nicht fest.

▶ Die anderen Unternehmer dürfen im kleinen Kreis berichten und ich soll meine Misserfolge vor der ganzen Leserschaft ausbreiten?

Die Leser werden es Ihnen danken.

▶ Gut, aber die peinlichen Details lasse ich weg. Generell kann ich sagen: Misserfolge hatte ich meistens dann, wenn ich mich in einer fremden Branche engagiert habe. Aber ich tue es immer wieder mal,

»Es kommt schon vor, dass jemand ein Autogramm haben will, dann schreibe ich halt eins. Ich habe einen kurzen Namen, da schaffe ich viele in kurzer Zeit.«

Claus Hipp mit dem bekanntesten Produkt des Unternehmens, dem »Hipp-Gläschen« – 2009 feierte es seinen 50. Geburtstag

meistens, um Unternehmen zu helfen. In der Hoffnung, dass eine Anschubfinanzierung sie über den Berg bringt.

Misserfolge haben Sie aber nie aus der Bahn geworfen, nie zweifeln lassen, ob Sie an der richtigen Stelle sind?

▶ Nein, solche grundsätzlichen Zweifel hatte ich nie. Aber wenn es in den Medien mal Angriffe gegen uns gab, Kritik wegen angeblich schlechter Produkte, dann hat mich das schon belastet. Vor allem, weil diese Kritik ungerecht war.

Was einmal Wellen geschlagen hat, war die Kritik von Verbraucherschützern an gezuckerten Babytees.

▶ Bei den Tees war die Zuckermenge ein Würfel pro Tasse Tee. Das ist sicherlich nicht schädlich. Uns deshalb überzuckerte Babytees vorzuwerfen ist nicht fair.

Einmal wurden in einem Produkt von Ihnen Spuren gentechnisch veränderter Pflanzen gefunden. Wie kam das?

▶ Das konnten wir schnell richtigstellen. Es hieß fälschlicherweise, dass in Gemüsesorten so genannte CMS-Hybride gefunden wurden. Dahinter steht eine Technik, bei der Pflanzen genverändert werden. Die damalige Behauptung war jedoch falsch. Wir versichern, dass wir kein gentechnisch verändertes Gemüse verarbeiten und dass darüber hinaus beim Anbau keine CMS-Hybridsorten zum Einsatz kommen. Seit Jahren schließen wir den Einsatz von CMS-Hybriden in unseren Richtlinien aus. Wir sind von Anfang an gegen grüne Gentechnik. Damit haben wir uns auch Feinde gemacht.

Gentechnisch veränderte Organismen freizusetzen ist auch heute noch gefährlich.

Lehnen Sie Gentechnik in Gänze ab oder nur in der Landwirtschaft?

▶ Gentechnik als solche ist ein wichtiges und interessantes Gebiet. Das muss weiter erforscht werden. Aber gentechnisch veränderte Organismen freizusetzen ist auch heute noch gefährlich. Das bringt Änderungen in die Natur, die wir später nicht mehr rückgängig machen können. Unter dem Gesichtspunkt der Nachhaltigkeit sollten wir das den nachfolgenden Generationen ersparen.

Der Kauf des Gentechnik-Konzerns Monsanto hat Bayer viel Ärger und hohe Schadensersatzklagen eingebracht. Empfinden Sie jetzt Genugtuung, wenn Sie sehen, wie sehr Bayer unter diesen Problemen leidet? Oder überwiegt die Sorge um einen großen deutschen Dax-Konzern?

▶ Wenn die so einen Blödsinn machen, dann müssen sie sich in der Tat nicht wundern, wenn es so ausgeht. Monsanto war ein großes Feindbild für viele Leute, ein Inbegriff der chemischen Landwirtschaft. Offensichtlich hat Bayer das Unternehmen wegen des gentechnisch veränderten Saatgutes gekauft. Monsanto hat durch das Saatgut Zugriff auf unzählige Landwirte und ihre Betriebe. Das war wohl die Machtposition, die Bayer interessierte. Aber es schadet vielleicht nicht, wenn sich auch die Großen mal eines Besseren belehren lassen müssen.

Das Monsanto-Pflanzenschutzmittel Glyphosat taucht in geringen Mengen auch immer mal wieder in Biolebensmitteln auf, zum Beispiel infolge von Übertragungen des Mittels vom benachbarten Feld auf das Biogetreide. Macht Ihnen das Probleme?

▶ Solche Herausforderungen berücksichtigen wir schon bei der Auswahl unserer Flächen. Das Ausbringen von Pestiziden ist schädlich für die Natur mit Folgen, die teils irreparabel sind. Deswegen setzen wir auf Bioanbau, und ich freue mich, dass immer mehr Flächen ökologisch bewirtschaftet werden. So könnte sich dieses Problem irgendwann von alleine lösen. Grundsätzlich ist der Ansatz, sinnvollen und situationsangepassten Pflanzenschutz zu betreiben, richtig. Aber das lässt sich auch mit biologischen Mitteln und guter landwirtschaftlicher Praxis umsetzen.

Geld: Sparsamkeit, Wohlstand, Luxus

Objektiv gesehen sind Sie sehr reich. Fühlen Sie sich so?

▶ Nein, reich fühle ich mich nicht. Firmenanteile sind nicht gleichzusetzen mit dem persönlichen Vermögen.

Warum nicht?

▶ Ich habe Unternehmensanteile. Das ist kein Konto, aus dem ich mich bedienen kann. Ein Unternehmen ist ein eigener Organismus, dem ich nicht einfach das Herz entnehmen kann. Ich bin nicht reich, sondern ich muss über Wirtschaftsgüter entscheiden, und das mache ich auch gern. Natürlich habe ich auch gern Erfolg. Und ich möchte, dass wir Geld verdienen, um damit wieder etwas Sinnvolles zu machen. Ich bin überzeugt, dass ich später einmal nicht daran gemessen werde, wie viel Geld ich in meinem Leben angehäuft habe, sondern daran, was ich damit gemacht habe. Wir starten neue Betriebe, erforschen neue Produkte und Verbesserungen. Das kostet alles Geld.

Und dann bauen Sie auch noch eine neue Firmenzentrale. Draußen wachsen gerade die Wände in die Höhe.

▶ Ja, bei uns ist die Verwaltung zu eng geworden.

Das ist ein gutes Zeichen. Werden Sie dann dort auch sitzen oder bleiben Sie im alten Gebäude?

▶ Ich werde hierbleiben. Es ist ja nicht weit in das andere Gebäude.

Viele Menschen sind Unternehmer, weil sie reich sein wollen. Ist Geld für Sie kein Motivator?

▶ Nein. Für mich ist der Antrieb, das Unternehmen wachsen zu sehen.

Wie sehr leiden Sie, wenn es dem Unternehmen schlecht geht?

▶ Seit meiner Kindheit bin ich hier. Mit vier Jahren bin ich schon hier herumgelaufen, habe auf dem Firmengelände gespielt, habe den Handwerkern zugeschaut. Ich bin mit dem Unternehmen gewachsen und es ist ein Teil von mir. Leidet das Unternehmen, dann leide ich mit.

Könnten Sie aus christlicher Perspektive nicht auch etwas entspannter darauf schauen? Letztlich sind das doch alles nur irdische Güter.

▶ Nein. So entspannt kann ich das nicht sehen. Mir ist bewusst, ich kann nichts mitnehmen. Aber wenn ich die Verantwortung trage, dann möchte ich schon, dass es gut geht.

Gibt es etwas Materielles, an dem Sie ganz besonders hängen?

▶ Es gibt ein Bild, das mein Urgroßvater angefertigt hat. Es ist nicht sehr groß, aber sehr aufwendig aus Stoffen hergestellt. Er war Schneider und hat, so wurde bei uns erzählt, zwei Jahre lang daran gearbeitet. Er hätte es dann teuer verkaufen können. König Maximilian wollte es ihm wohl abkaufen. Aber er hat es nicht verkauft, obwohl er das Geld gut hätte brauchen können, denn er war ein armer Schneider. Er hat gesagt: Ich habe so lange daran gearbeitet, ich werde das kein weiteres Mal schaffen. So ist es in Familienbesitz geblieben und bis heute hochgeschätzt. Gut, wenn Geld nicht alles ist.

Und sonst, woran hängen Sie sonst noch? Der Hof, Dinge in der Firma, Kunst zu Hause?

▶ Da mache ich Ihnen jetzt keine Aufstellung. Das lockt nur Diebe an.

Ist Geld für Sie nur eine Zahl oder hat es auch etwas Emotionales?

▶ Geld ist die Maßeinheit, mit der wir Werte messen können. Das können Innovationen sein, das können Maschinen sein, das können Immobilien sein oder eben komplexe Organismen wie unser Unternehmen. Geld ist auch Entgelt für die Leistung, die wir erbringen. Geld ist also sehr nützlich. Nicht weniger, aber auch nicht mehr.

Geld ist sehr nützlich. Nicht weniger, aber auch nicht mehr.

Geld bedeutet Freiheit. Wenn Sie viel Geld haben, brauchen Sie keine Banken. Wie wichtig ist Ihnen das?

▶ Das wäre schön, aber wir brauchen schon Geld von der Bank. Wer keine Kredite braucht, der hat zu wenig Ideen.

Es gibt aber durchaus innovative Mittelständler, die sagen: »Wir wollen gar nichts mit Banken zu tun haben.«

▶ Es mag sein, dass es Branchen gibt, in denen man sich das leisten kann. Bei uns geht das nicht.

Sie haben mal gesagt: »Wenn alle mit dem Chauffeur kommen, dann komme ich mit dem Fahrrad.« Wann saßen Sie zuletzt im Sattel?

▶ Da habe ich bewusst provoziert. Wichtigtuerei habe ich nicht so gern. Damit wollte ich nur sagen, dass es auch anders geht.

Sind Sie sparsam?

▶ Sparsam, aber auch großzügig.

»Gott ist gütig, er will mein Bestes, und ich habe Vertrauen zu ihm, dass ich mit allem kommen kann. Und dass es mir besser geht, wenn ich ihn anerkenne und ihn ehre.«

Claus Hipp dient bis heute als Ministrant im Münchner Dom

So sparsam wie der Ratiopharm-Gründer Adolf Merckle, der angeblich mit der Straßenbahn zu Gerichtsterminen fuhr?

► Sehr ausgeprägte Formen der Sparsamkeit gibt es bei mir nicht. Ich gönne mir schon einen gewissen Luxus.

Was ist das, ein gewisser Luxus?

▶ Zum Beispiel, wenn ich mich fahren lassen darf und nicht selbst fahren muss. Dann komme ich ausgeruht bei Terminen an, was mir schon sehr viel bedeutet.

Ich habe heute Ihr Auto gesehen, als Sie in die Firma kamen. Das war kein Rolls-Royce und auch kein Bentley.

▶ Nein, das ist ein mittelgroßes Auto eines bayerischen Herstellers. Wobei ich schon gerne einen Bentley hätte. Früher wollte ich immer einen Porsche haben. Aber das war bei meinem Vater nicht machbar. Als ich mir dann einen Porsche hätte leisten können, konnte ich ihn mir vom Image her nicht mehr leisten. Jetzt habe ich nie einen gehabt und es geht mir trotzdem gut.

Na ja, Porsche baut jetzt Elektroautos. Das würde vom Image her schon passen zu Ihrem Biolandbau.

▶ An das Elektroauto glaube ich noch nicht so recht. Das muss sich noch ein bisschen weiterentwickeln, bevor es wirklich alltagstauglich ist.

Also, einen Porsche werden Sie sich nicht mehr anschaffen, egal, ob Elektro oder Benziner?

▶ Eher nicht, aber ich habe auch noch gar nie in einem dringesessen.

So viel steht fest: Wenn Porsche das liest, stellen sie Ihnen einen Elektro-Porsche vor die Tür! – Ist Reichtum eigentlich gefährlich für einen Christen? Jesus hat doch gesagt, eher gehe ein Kamel durch ein Nadelöhr, als dass ein Reicher in den Himmel gelange.

▶ Mit »Nadelöhr« wurden damals die kleinen Stadttore bezeichnet. Da muss das Kamel ein bisschen in die Knie gehen, dann passt es schon durch.

Aha, wenn der Reiche ein bisschen demütig ist, dann klappt es also mit dem Himmel?

▶ Jesus hat die Reichen zumindest nicht gemieden. Lazarus, den er vom Tod erweckte, war ein vermögender Mann und er war mit Christus befreundet. Salome war eine reiche Teppichhändlerin, die die Apostel gesponsert hat. Reichtum eröffnet die Möglichkeit, mehr Gutes zu tun, als wenn man nicht über Reichtum verfügt.

Würden Sie sagen, Sie leben in einer Welt der Reichen?

▶ Eigentlich verkehre ich eher unter einfachen Leuten.

Das ist kein Understatement, das meinen Sie ernst?

▶ Ich kenne schon ein paar Kollegen, die ein Unternehmen haben. Aber mein Bekannten- und Freundeskreis besteht eher aus ganz normalen Leuten.

Unnötig zu fragen, mit wem Sie sich wohler fühlen.

▶ Ich fühle mich dort wohl, wo ich bin. Unter den sogenannten Reichen gibt es immer die Tendenz, den Reichtum zu zeigen. Das ist nicht so meine Sache. Die Welt der Reichen stelle ich mir ziemlich anstrengend vor.

Man hört, Sie mögen keinen Small Talk und keine langen Empfänge und Diners.

▶ Das ist mir ein Schrecken. Da wird die meiste Zeit vertan.

Einmal im Jahr gehen Sie aber doch zu einem großen und langen Essen. Da bewirten Sie bedürftige Menschen und Obdachlose im Hofbräukeller in München. Warum machen Sie da mit?

▶ Der Münchner Tafel, die das veranstaltet, bin ich schon lange verbunden. Ich finde es gut, wenn mit Lebensmitteln, die übrig sind, etwas Gutes getan wird. Auch die Eigentümer vom Hofbräukeller sind mit dabei. Ich bin gerne dort.

Ansonsten hört man wenig über Wohltaten von Ihnen oder Ihrem Unternehmen.

▶ Darüber sprechen wir nicht. Wir helfen viel und tun das gerne, machen damit aber keine Werbung. Da bin ich sehr strikt. In der Bibel steht über das richtige Spenden: Die eine Hand soll nicht wissen, was die andere tut.

Können Sie wenigstens sagen, wo Sie helfen? Lieber in München als im Kongo?

▶ Ich engagiere mich schon auch in der Entwicklungshilfe, aber zunächst kümmere ich mich um das, was um uns herum geschieht.

Nikolaus von der Flüe ist eines ihrer großen Vorbilder. Er hatte dem Wohlstand und sogar der Familie abgeschworen und lebte als armer Einsiedler in der Wildnis. Stehen Glaube und Reichtum nicht doch im Widerspruch zueinander?

▶ Die Heiligen, die dem Besitztum den Rücken kehrten, haben sich anderen Dingen, die ihnen wichtiger erschienen, gewidmet. Wenn ich einen Hang zum Kontemplativen habe, soll aber mein Vermögen erhalten und mehren, dann erscheint mir das womöglich als störend. Es muss aber auch irgendwer Wertschöpfung betreiben, auch wenn die Arbeit möglicherweise weniger angenehm ist als die Kontemplation.

»Ich verkehre eher unter den einfachen Leuten. Die Welt der Reichen stelle ich mir ziemlich anstrengend vor.«

Claus Hipp treibt eine Herde von Skuddenschafen auf seinem Landgut »Ehrensberger Hof« auf die Weide – die Schafsrasse ist vom Aussterben bedroht

An Ihnen ist offenbar kein Einsiedler verloren gegangen.

▶ Nein, das wäre wohl nicht so mein Weg gewesen. Aber ich habe schon Momente, in denen ich das Irdische abschalte und meine Gedanken in die andere Richtung gehen.

Wer sind neben Nikolaus von der Flüe Ihre Vorbilder?

▶ Das sind sicherlich meine Eltern. Wer mich außerdem sehr geprägt hat, war Dr. Hans Müller, der Begründer des organisch-biologischen Landbaus. Er hat mich mit dieser Richtung vertraut gemacht, mich dafür begeistert. Er hat mir beigebracht, dass es schwer ist, dass man viele Feinde haben wird, wenn man sich dafür einsetzt. Aber mich hat das nicht abgeschreckt. Auch Papst Benedikt schätze ich sehr. Ich kenne ihn aus seiner Kardinalszeit persönlich und schicke ihm jedes Jahr Kerzen zu, die er in seiner Kapelle anzündet. Sicherlich kein Vorbild für mich wäre etwa Alexander der Große. Das reine Machtstreben, so etwas ist mir fremd.

Wenn Sie sich wünschen dürften, mit welcher lebenden oder verstorbenen Person Sie heute Abend ein Bier trinken dürfen, welche Person wäre das? Nikolaus von der Flüe?

► Er würde wohl kein Bier trinken wollen. Eine Person aus meinem Leben, die schon gestorben ist und die ich gerne noch mal treffen würde, wäre Dr. Otto von Habsburg. Ich kannte ihn und habe ihn sehr geschätzt. Es wäre mir eine Freude, ihn wiederzusehen. Von den lebenden Politikern wäre es Theo Waigel, den ich sehr schätze. Er ist sehr weitsichtig, ihm haben wir den Euro zu verdanken. Er ist in seinem Leben auch vielfach schlecht behandelt worden von seinen Parteifreunden. Aber er war schlauer als die anderen. Wen ich aus der Politik noch schätze, ist Peter Gauweiler. Wir haben die gleiche Schule besucht.

Das ist eine sehr bayerische Prominentenliste.

► Na gut, ich kenne die anderen nicht so.

Ökologie: Klimawandel, Bioprodukte und Artenschutz

Vor der Coronakrise war die Klimafrage das politische Topthema. Hat es Sie überrascht, mit welchem Engagement gerade die junge Generation das Thema nun vorantreibt?
▶ Die junge Generation wird die Auswirkung des heutigen Wirtschaftens am stärksten zu spüren bekommen. Es ist also ihre Zukunft, um die es geht. Wir haben uns schon seit Jahrzehnten um das Thema gekümmert und bereits 1995 unseren ersten Umweltbericht verfasst. Insofern freuen wir uns, dass die jungen Menschen dem Klimaschutz nun wieder zu stärkerer Bedeutung verhelfen. Das Thema wurde lange von der Politik unterschätzt.

Umweltthemen, Klimaschutz und Bioprodukte werden immer mehr Mainstream. Könnte es sein, dass Hipp seine Alleinstellung verliert und womöglich in der Flut der Bioprodukte untergeht?
▶ Nein, denn wir sind schon an den nächsten Schritten, bleiben bei Bio nicht stehen. Zum Beispiel tun wir sehr viel für den Artenschutz. Die Politik sollte sich mal anschauen, was wir hier machen. Da könnte sie viel lernen.

Wie viel Nachhilfe beim Thema Bio braucht Bundeskanzlerin Angela Merkel?
▶ Wahrscheinlich gar nicht so viel. Ich kenne sie noch aus ihrer Zeit als Umweltministerin. Sie hätte bei Umweltthemen bestimmt größere

Schritte gemacht, wenn sie nicht auch viel Rücksicht hätte nehmen müssen. Wir haben lange Zeit in die gleiche Richtung gekämpft.

Und warum ging es irgendwann nicht mehr in die gleiche Richtung?

▶ Weil sie aufgestiegen ist, weil sie Kanzlerin wurde. Als solche lag die Umweltpolitik nicht mehr allein in ihren Händen und sie musste wahrscheinlich auch auf andere Stimmen aus der Wirtschaft hören.

Deutschland stand mal für einen vorbildlichen Umgang mit Umweltfragen. Wir wurden um unsere Luft- und Wasserreinhaltung, sogar um unsere Mülltrennung beneidet. Ist Deutschland immer noch grünes Vorbild?

▶ Sicherlich haben wir viele Menschen in Deutschland, die da voranschreiten. Zum Beispiel haben wir im Bereich Biodiversität Forschungsleistungen, mit denen wir international weit vorne liegen. In unserer eigenen Landwirtschaft, einem Musterbetrieb für biologische Vielfalt, zeigen wir Besuchern, wie wir mit geringen Mitteln beim Artenschutz schon sehr viel erreichen.

Wenn Sie nur auf Ihrem Hof Artenschutz betreiben, ist der Effekt doch sehr begrenzt. Was ist mit den Tausenden Lieferanten?

▶ Ihnen stellen wir die Methoden und unser Wissen zur Verfügung. Viele setzen unsere Maßnahmen schon jetzt um. Künftig wollen wir sie auch dazu verpflichten. Aber zunächst einmal müssen wir mit gutem Beispiel voranschreiten und belegen, dass es geht.

Und, geht es?

▶ Es gibt in unserer Gegend zwölf verschiedene Amphibienarten, fünf davon sind stark gefährdet. Alle zwölf Arten haben wir bei uns in der Landwirtschaft. Wir haben hier über 80 verschiedene Vogelarten und jedes Jahr kommen neue dazu. Man kann Tiere nicht einladen, irgendwo hinzukommen. Man muss dafür die nötigen Voraussetzungen schaffen. Zusammen mit der Zoologischen Staatssammlung München führen wir gerade eine mehrjährige Studie durch mit dem Ziel, den Insektenbestand auf ökologisch und konventionell bewirtschafteten Flächen zu vergleichen. Bei gesammelter Menge, Artenvielfalt, Häufigkeit stark gefährdeter und vom Aussterben bedrohter Arten liegt die ökologisch bewirtschaftete Fläche klar in Führung. Das stützt die allgemeine Vermutung, dass ökologischer Anbau dazu beiträgt, den Artenverlust in landwirtschaftlich geprägten Gegenden aufzuhalten. Wir brauchen funktionierende Ökosysteme – nicht zuletzt, um Babyprodukte in Spitzenqualität herstellen zu können.

Sie sind eigentlich als Unternehmen sehr wissenschaftlich ausgerichtet. Aber auf Ihren eigenen Höfen setzen Sie homöopathische Medikamente bei erkrankten Tieren ein. Ist das kein Widerspruch?
▶ Wissenschaftlich belegt ist die Wirkung von Homöopathie nicht. Dass man einen Wirkstoff immer mehr verdünnt und er dann immer wirksamer wird, das geht auch nicht in meinen Kopf. Aber bei den Tieren haben wir das Problem, dass wir die Mittel der Schulmedizin nicht unbegrenzt einsetzen können, weil das bei Bioprodukten nicht zulässig ist. Dann probieren wir es zuerst mit Homöopathie. Und wir haben oft wirklich den Eindruck, dass es hilft. Man darf auch an Dinge glauben, ohne sie zu verstehen.

Ist die Homöopathie auch etwas für Sie persönlich?
▶ Ich habe auch schon homöopathische Medikamente genommen, damit aber auch schlechte Erfahrungen gemacht. Vor ein paar Jahren wurde ich krank und immer schwächer, konnte kaum die Treppe hinaufgehen. In der Klinik hat man festgestellt, dass ich Borreliose

habe. Das ist die Krankheit, die Zecken übertragen. Der Homöopath hatte das nicht erkannt und mich ein Jahr lang so herumlaufen lassen. Das wäre zu vermeiden gewesen. Hätte ich eine Woche lang Antibiotika genommen, dann wäre es weg gewesen. In manchen Fällen ist Homöopathie bestimmt sinnvoll, auch weil man dabei auf Selbstheilungskräfte des Körpers vertraut, die es sicherlich gibt. Wer daran glaubt, kann wohl auch Kräfte mobilisieren, das ist der Placeboeffekt. Man hat also eine Wirkung ohne Nebenwirkungen.

Ich wäre an Ihrer Stelle auch vorsichtig, etwas Schlechtes über die Homöopathie zu sagen, denn in Ihrer Zielgruppe vertrauen wahrscheinlich viele darauf.

▶ Nein, das ist es nicht. Ich sage, was ich denke.

Den biologischen Landbau sehe ich von der Wissenschaft her und nicht als Weltanschauung.

Fremdeln Sie nicht manchmal ein bisschen mit Ihrer ökologischen Zielgruppe, wenn Sie sehen, wie viele davon die Schulmedizin verteufeln, Impfungen ablehnen und sich in esoterische Gedankenwelten flüchten?

▶ Weder bin ich esoterisch noch Anthroposoph. Den biologischen Landbau sehe ich allein von der Wissenschaft her und nicht als Weltanschauung. Weltanschauungen kann ich nicht verkaufen, das ist jedermanns Privatsache.

Freuen Sie sich eigentlich über den Höhenflug der Grünen?

▶ Von der Ökologie her finde ich die grüne Idee gut und freue mich über die neue Aufmerksamkeit für das Thema. Wir dürfen so viele Äpfel vom Baum nehmen, bis wir satt sind. Doch was wir heute machen, ist: Wir schneiden die Äste vom Baum, um schneller an die Äpfel zu kommen. Das geht nicht gut auf Dauer. Die großen Volksparteien haben sich entschieden, das Thema Ökologie nicht wirklich ernst zu nehmen, obwohl sie es in der Hand gehabt hätten. So haben es die Grünen besetzt.

Sie schreiben in einem sogenannten Bio-Manifest für die Firma Hipp: »Bio ist der Fortschritt einer aufgeklärten Konsumgesellschaft.« Das klingt so, also müssten alle auf Bio umschalten.

▶ Beim biologischen Landbau geht es um den Erhalt des Lebens. Angefangen bei einem funktionierenden Bodenleben, das dann zu gesunden Pflanzen, zu gesunden Tieren und zu gesunden Menschen führt. Das ist nicht von mir, das hat Albrecht Thaer schon im 18. Jahrhundert aufgeschrieben. Es ist also nicht direkt eine neue Idee. Ich bin überzeugt, dass sie überall funktionieren würde.

Brauchen wir statt der sozialen Marktwirtschaft eine ökologisch-soziale Marktwirtschaft?

▶ Damit könnte ich mich durchaus anfreunden. Aber nicht, wenn es mit gesetzlichem Zwang einhergeht. Das kann nur freiwillig sein. Der Umweltpakt Bayern ist eine freiwillige Verpflichtung der Wirtschaft, die negativen ökologischen Auswirkungen zu verringern. Der Staat hat im Gegenzug eine Deregulierung zugesagt. Er hat gesagt: Wenn ihr freiwillig mehr macht, brauchen wir weniger Gesetze.

Die Coronakrise

Sie haben noch den Zweiten Weltkrieg erlebt, dann den Kalten Krieg, Katastrophen wie Tschernobyl, den Terrorismus des 11. Septembers. Wie schlimm erscheint da die Coronapandemie?

► Ja, ich habe in meiner Jugend den Krieg noch erlebt. Ich weiß noch, wie die Sirenen heulten, wie es riecht, wenn die Stadt brennt. Auch habe ich noch die Flüchtlinge vor Augen, die bei uns in der Gegend Unterschlupf gefunden haben. Ich habe die Männer gesehen, die nur noch Gerippe waren, die in fünf Liter großen Konservendosen Grießbrei bei uns geholt und ihn direkt gegessen haben. Nie habe ich verstanden, wie ein Mensch so viel essen kann. Aber: Ich habe nie Angst gehabt. Und ich habe auch jetzt keine Angst. Denn das bringt uns nicht weiter. Erfolg haben nur die Optimisten. Wir haben den Aufbau nach dem Krieg geschafft und wir werden auch nun den Aufbau wieder schaffen.

Wie kann das gehen?

► Der Wirtschaft dürfen dabei keine Steine in den Weg gelegt werden. Denn sie hat das natürliche Bestreben und eine große Kraft, um solche Schwierigkeiten zu überwinden – wenn wir sie nicht ausbremsen. Wir müssen nicht allen Branchen irgendwelche Geschenke machen, aber ihnen vielleicht Luft verschaffen, indem man etwa Schulden stundet. Aber die Freiheit der Wirtschaft müssen wir uns erhalten. Aus der Geschichte wissen wir, dass die Planwirtschaft mit Krisen nicht zurande kommt.

Der Juso-Vorsitzende Kevin Kühnert hat schon vor der Krise die Verstaatlichung von Konzernen gefordert. Nun ist der Staat bei der Lufthansa schon drin, andere Unternehmen werden vielleicht folgen. Er hat sich wahrscheinlich nicht träumen lassen, wie schnell seine provokante Forderung wahr werden könnte.

▶ Wer heute noch eine kommunistische Politik fordert, der hat in der Schule wahrscheinlich Unterricht geschwänzt. Sämtliche kommunistischen Systeme haben sich als nicht funktional und nicht menschenfreundlich erwiesen. Die jungen Leute, die das wieder predigen, sollten jetzt erst mal nachholen, was sie in der Schule verpasst haben.

Waren die radikalen Eingriffe in die Freiheiten der Menschen und der Wirtschaft während des Shutdowns angebracht?

▶ Natürlich muss man vorsichtig sein. In der Vergangenheit haben wir aber auch schon Pandemien mit weniger Aufwand in den Griff bekommen. Ich glaube, dass das mit gesundem Menschenverstand alles beherrschbar ist.

Da schwingt Kritik an den Schutzmaßnahmen mit.

▶ Es gibt sicher Maßnahmen, die sinnvoll sind, aber es gibt auch Entwicklungen, die sich mir nicht erschließen.

Zum Beispiel?

▶ Die Masken werden wir sicherlich für längere Zeit brauchen. Aber warum sollte man sie auf der Straße tragen, wo der Abstand sowieso gegeben ist? Da tragen sie manche Bürger regelrecht demonstrativ und das finde ich übertrieben.

Wie wirkt sich die Krise wirtschaftlich auf Hipp aus?

▶ Grundsätzlich wird Babynahrung immer gekauft. Das gilt insbesondere für Deutschland, wo auch in der Krise genügend Kaufkraft da ist für solche Dinge. Man spart dann an anderen Dingen, aber nicht am Essen für die Babys. In anderen Ländern aber merken wir schon, dass so unmittelbar nach der ersten Infektionswelle mit teils schwerwiegenden Beschränkungen wohl einfach bei vielen Leuten das Geld nicht mehr reicht.

Was sehen Sie für globale Veränderungen durch die Pandemie?

▶ Die Globalisierung steht sicher nicht zur Disposition. Sie ist kein neues Phänomen und keine vorübergehende Sache. Schon im Reich von Karl V. ist die Sonne nie untergegangen. Es ist mir nicht bekannt, dass die Welt seither größer geworden wäre. Ich glaube aber, dass wir bestimmt mehr Bewusstsein für den Erhalt der globalen Ressourcen entwickeln. Das müssen wir auch. Es ist schön, dass die Impulse dazu vor allem von den jungen Leuten kommen.

Die Globalisierung steht sicher nicht zur Disposition.

Deutschland kommt bislang ganz gut durch die Krise, was die Zahl der Infizierten und der Todesopfer angeht. Können Sie sich einen Reim darauf machen?

▶ Wir Deutschen neigen dazu, alle Anordnungen schnell und pflichtbewusst zu erfüllen. Deshalb lassen sich bei uns Vorschriften vielleicht leichter umsetzen als in anderen Ländern. Ein Land wie die Schweiz, das sehr freiheitsliebend ist, lässt sich nicht so schnell etwas sagen. Die Deutschen sind – leider auch manchmal in einer beängstigenden Weise – sehr obrigkeitshörig. Wenige trauen sich, Kritik zu äußern. Dabei sollte man doch die Dinge, die einem sinnlos erscheinen, auch benennen dürfen. Und den Menschen, die protestieren, auch zuhören.

Der Protest gegen die Corona-Schutzmaßnahmen wird immer mehr zu einer Rechts-außen-Veranstaltung. Da fällt das Zuhören wirklich schwer.

▶ Gegen Rechtsextremismus bin ich sehr, denn meine Familie war im Dritten Reich gegen die Nazis. Manche waren auch im Konzentrationslager. In dieser Richtung bin ich sehr feinfühlig, und ich möchte alles tun, dass so etwas nie wiederkommt. Aber unabhängig von der politischen Einstellung sollten wir uns schon Gedanken machen über das, was zwingend notwendig ist, und das, was wir uns sparen können.

Hatten Sie es auf dem Schirm, dass so eine Pandemie passieren könnte?

▶ Eigentlich nein.

Sind wir da alle zu blauäugig gewesen?

▶ Vielleicht sind wir etwas zu gutgläubig gewesen, vielleicht auch etwas zu mutig. Aber wir können uns im Handeln auch nicht immer von unseren Ängsten leiten lassen.

Claus Hipp privat

Wie wichtig ist es für Sie, fit zu sein?

▶ Ich habe auch Zeiten erlebt, in denen ich weniger fit war, und das Leben ging weiter.

Es gibt einen großen Kult heute um unsere Gesundheit. Ist Ihnen das suspekt?

▶ Ja, das empfinde ich teilweise als lächerlich. Wenn normale, gesunde Lebensmittel als gefährlich dargestellt werden und die Leute sich nicht mehr daran erfreuen können, dann stimmt etwas nicht.

Sie profitieren doch gerade auch von dem Gesundheitskult und von der Angst vor irgendwelchen Schadstoffen in kleinsten Mengen?

▶ Es ist gut, wenn die Menschen für solche Dinge sensibel sind, denn die Umweltgifte sind gefährlich, gerade für Kinder. Aber wir müssen auch das richtige Augenmaß wahren. Heute sind kleinste Spuren von Schadstoffen nachweisbar. Es hört sich dann schlimm an, wenn in einem Nahrungsmittel ein Schadstoff gefunden wird. Aber um wie viel geht es? Und welche gesundheitlichen Folgen sind möglich? Das sind die entscheidenden Fragen. Man kann heute ein Korn Salz in einem 50 Meter langen Schwimmbecken nachweisen. Angenommen, das eine Korn ist der gesetzliche Grenzwert. Dann sind zwei Körner eine Überschreitung von 100 Prozent. Das hört sich furchtbar an, ist für die Gesundheit jedoch womöglich nicht relevant. Deshalb muss der Gesetzgeber sehr genau überlegen, wie er die Grenzwerte festlegt. Und wir prüfen sehr genau, um wie viel wir noch besser sein wollen.

Frönen Sie irgendeinem besonderen Gesundheitskult, einer bestimmten Ernährung oder irgendwelchen wundersamen Mitteln?

▶ Meist höre ich beim Essen auf, wenn ich noch ein bisschen Hunger habe.

Also ist nicht alles, was bei Ihnen auf den Tisch kommt, aus dem Bioladen, vom Biohof oder aus dem Reformhaus?

▶ Zu Hause: ja. Aber ich gehe auch ganz normal in die Wirtschaft zum Essen und das schmeckt mir.

Sie haben gesagt, die Küche ist das Hoheitsgebiet Ihrer Frau. Sie kaufen also auch nicht ein?

▶ Doch, ich kaufe schon ein. Dann auch meist im Bioladen, denn mein Sohn hat mehrere Bioläden in München. Wenn es geht, kaufe ich natürlich bei ihm ein.

Kommen wir zu den Freunden: Was muss ein Mensch mitbringen, dass er Ihr Freund sein kann?

▶ Meine Freunde können aus allen Schichten kommen. Ich schätze Loyalität, aber auch den Mut, die Meinung zu sagen, und eine Grundeinstellung, die wertebewusst ist. Ich freue mich, wenn ich mit Freunden auf der gleichen geistigen Ebene sprechen kann, aber ich kann auch mit ganz einfachen Leuten ein sehr gutes Verhältnis haben.

Ich schätze Loyalität, aber auch den Mut, die Meinung zu sagen.

Haben Sie viele Freunde?

▶ Ich habe einen recht großen Bekanntenkreis. Freunde habe ich nur wenige.

Sie müssen uns keinen Namen nennen, aber was sind das für Menschen?

▶ Das sind vielfach Mitarbeiter, die schon in Pension sind, mit denen ich eine lange Wegstrecke gegangen bin, mit denen ich gemeinsam Probleme gelöst und viel erlebt habe. Ich kenne auch noch meine Schulkameraden. Als früherer Schulsprecher habe ich auch die Aufgabe, Klassentreffen zu organisieren. Das mache ich auch sehr gerne. Aber ich bin nicht der Typ, der sich ständig mit Männern zu Trinkgelagen oder zum Fußball verabredet.

Dafür fehlt Ihnen die Zeit?

▶ Es interessiert mich eher nicht.

Wie haben Sie Ihr Zeitbudget zwischen Arbeit, Familie und Freunden aufgeteilt?

▶ Unternehmen 70 bis 80 Prozent, Familie zehn Prozent, der Rest für Malerei und Musik. Gerade in unserer Zeit, in der viel über Fachwissen gesprochen wird, darf man das Künstlerische nicht vergessen. Wir dürfen das Ziel des rundum gebildeten Menschen nicht außer Acht lassen. Deswegen unterrichte ich auch noch an Universitäten.

Fast zwei Jahrzehnte nach dem Eintritt in das Rentenalter ist die Weitergabe von Wissen eines Ihrer Ziele. Gibt es noch andere?

▶ Mich treibt es an, alles, was ich tue, noch besser zu machen. Und da gibt es noch Luft nach oben.

»In einer Zeit, in der viel über Fachwissen gesprochen wird, darf man das Künstlerische nicht vergessen. Wir dürfen das Ziel des rundum gebildeten Menschen nicht außer Acht lassen.«

Claus Hipp ist Kunstprofessor, lehrte an Universitäten und Schulen – und, wie hier, bei Familienfeiern

Wenn Sie nun auf Ihr Leben zurückblicken, hätten Sie gerne etwas anderes gemacht?

▶ Ich hätte mir auch gut vorstellen können, einen großen landwirtschaftlichen Betrieb zu führen. Nun habe ich nur einen mittelgroßen landwirtschaftlichen Betrieb, bin aber auch zufrieden.

Hätten Sie dann nicht vieles vermisst?

▶ Das hätte ich dann nicht gekannt. Jetzt, wo ich das Unternehmerleben kenne, denke ich aber, dass ich vieles richtig gemacht habe.

Was ist für Sie das größte Unglück?

▶ Das größte Unglück ist Dummheit.

Dagegen kann man halt leider nicht viel machen.

▶ Das finde ich nicht. Jeder kann gescheiter werden, jeder kann an sich arbeiten, auch wenn er von Haus aus keinen hohen Bildungsstand hat. Mir geht es auch gar nicht so sehr um die Bildung, sondern vielmehr um den gesunden Menschenverstand, das vernünftige Handeln. In der Philosophie wird die Klugheit nicht nur als die Erkenntnis des Richtigen definiert, sondern auch als das Handeln danach. Es gibt Menschen, die erkennen das Richtige, handeln aber anders. Und dann gibt es welche, die haben weder die Erkenntnis noch das richtige Handeln. So oder so, ohne das richtige Handeln gibt es keine Klugheit.

Das Glück fliegt Ihnen nicht einfach so zu, Sie müssen aktiv daran beteiligt sein.

Was ist das größte Glück für Sie?

▶ Glück ist, im rechten Augenblick das Richtige zu tun. Das Glück fliegt Ihnen nicht einfach so zu, Sie müssen aktiv daran beteiligt sein. Sie müssen es erkennen und danach handeln. Dann können Sie ein glücklicher Mensch sein. Und ein Mensch, von dem andere sagen: »Der hat Glück gehabt.« Mein Vater kam aus ganz einfachen Verhältnissen. Er hat eine Lehre gemacht und danach angefangen, Babynahrung zu produzieren. Viele haben gesagt, er habe Glück gehabt. Aber er war eben auch unglaublich fleißig und hat sein Ziel verfolgt. Er ist mit 62 Jahren gestorben und hätte sicherlich auch länger leben können, wenn er nicht so engagiert gearbeitet hätte. Aber ich glaube, er war glücklich.

»Begeisterung ist der Schlüssel. Kinder müssen sich begeistern für das Unternehmen, müssen Freude daran haben, Geschäfte zu machen, müssen gerne Entscheidungen treffen und risikobereit sein.«

Claus Hipp füttert seinen Sohn Stefan – heute ist er sein Nachfolger

Zeittafel: Von der Konditorei zum Bioimperium

▶ 1899

Joseph Hipp, der im oberbayerischen Pfaffenhofen an der Ilm eine Konditorei betreibt, hat eine Idee: Aus handgeriebenem Zwieback und Milch fertigt er für seine eigenen Kinder den ersten Babybrei, weil seine Frau Probleme beim Stillen ihrer Zwillinge hat. Der Erfolg spricht sich herum. Joseph Hipp beginnt mit dem Verkauf des neuen Produkts.

▶ 1921

Josephs Sohn Georg verkauft das Kinderzwiebackmehl in München und Umgebung von Tür zu Tür und allmählich wird es zur Marke.

▶ 1932

Georg Hipp gründet eine eigene Firma, die »Nährmittel Hipp«, weil der elterliche Betrieb zu klein wird. Noch im selben Jahr beginnt er, auf einem Teil des heutigen Betriebsgeländes in Pfaffenhofen Kindernahrung herzustellen. Wegen Konflikten mit Nationalsozialisten verlegt er die Produktion später nach München. Weil die Münchener Gebäude im Zweiten Weltkrieg zerstört werden, siedelt sich Hipp wieder in Pfaffenhofen an.

▶ 1956

Georg Hipp startet mit der industriellen Herstellung von Babynahrung in Dosen. Er baut das Sortiment aus und führt 1959 das Hipp-Gläschen ein. Die Begegnung mit dem Schweizer Dr. Hans Müller, Wegbereiter des organisch-biologischen Landbaus, inspiriert ihn zur Bioproduktion. 1956 werden die ersten Rohstoffe für Hipp-Produkte ökologisch angebaut. Dazu wird zunächst der familieneigene Ehrensberger Hof nahe Pfaffenhofen auf Bioanbau umgestellt.

▶ 1968
Nach dem frühen Tod von Georg Hipp Ende 1967 übernimmt dessen 29-jähriger Sohn Claus die Firmenleitung und baut die ökologische Idee des Vaters aus. Musste Georg noch von Hof zu Hof fahren, entsteht unter der Führung von Claus und seinen Brüdern Georg und Paulus ein Netzwerk von Tausenden Vertragslandwirten. Das Unternehmen steigt zum weltweit größten Verarbeiter von biologischen Rohstoffen auf.

▶ 2016
Hipp übernimmt den zuvor mit der DMK Group gemeinsam betriebenen Säuglingsmilchnahrungsstandort MIG in Herford vollständig. Mit der größten Investition der Firmengeschichte – neueste Sprühtechnologien – wird Hipp Herford zu einem der modernsten Milchpulverwerke Europas ausgebaut.

▶ 2017
Stabübergabe: Erstmals sagt nicht Claus Hipp, sondern sein Sohn Stefan in der TV-Werbung den bekannten Satz »Dafür stehe ich mit meinem Namen«. Stefan Hipp und sein Bruder Sebastian leiten das Unternehmen gemeinsam mit ihrem Onkel Paulus Hipp operativ.

▶ 2020
Hipp hat über 400 Produkte im Sortiment und erwirtschaftet mit rund 3500 Mitarbeitern einen Umsatz von rund einer Milliarde Euro. Das Unternehmen hat Fabriken in sieben Ländern und produziert an allen Standorten in der Europäischen Union klimaneutral. Es wurde mit dem »Weltpreis für Nachhaltigkeit«, dem Energy Globe Award, und dem Deutschen Umwelt Reporting Award ausgezeichnet und mehrfach als nachhaltigstes Unternehmen Deutschlands geehrt.

Über die Autoren

© Frank Beer

Beat Balzli ist Chefredakteur der *WirtschaftsWoche*. Der mehrfach ausgezeichnete Schweizer Journalist war vorher stellvertretender Chefredakteur der Welt-Gruppe. Dort verantwortete er die *Welt am Sonntag*. Zuvor leitete der studierte Volks- und Betriebswirt drei Jahre als Chefredakteur die Schweizer *Handelszeitung*. Zudem arbeitete er mehrere Jahre als Redakteur beim Nachrichtenmagazin *Der Spiegel* und der Schweizer *SonntagsZeitung*.

© Frank Schemmann

Martin Seiwert hat die Buchreihe *Mein Leben, meine Firma, meine Strategie* entwickelt und ist der redaktionelle Leiter. Als Redakteur der *WirtschaftsWoche* hat er sich auf die Berichterstattung über Unternehmen spezialisiert. Er verantwortete als New-York-Korrespondent die Wirtschafts- und Politikberichterstattung der *WirtschaftsWoche* aus den USA. Seiwert wurde als Journalist des Jahres und mit dem Herbert-Quandt-Medienpreis ausgezeichnet und für den Nannen Preis nominiert. Der Diplomingenieur veröffentlichte während des Studiums sein erstes Buch, die Reportage *Die Mitte von Nirgendwo*.

Bildnachweis

S. 50	Annette Cardinale
S. 113	Brauer Photos
S. 120	Annette Cardinale
S. 124	Action Press

Das Foto, das als Vorlage für die Coverillustration diente, stammt von Annette Cardinale.
Autorenfotos: Frank Beer und Frank Schemmann
Alle anderen Fotos stammen von Hipp.

»ICH EMPFEHLE
DIE LEKTÜRE DER
WIRTSCHAFTSWOCHE.«
Bundeskanzlerin Angela Merkel
im Bundestag, 18.12.2019
Jetzt mehr erfahren: wiwo.de/merkel
Wirtschafts
Woche

Dein Business

Dein Business

Aktuelle Trends und innovative Antworten auf brennende Fragen in den Bereichen Business und Karriere.

Anne M. Schüller, Alex T. Steffen
Die Orbit-Organisation
ISBN 978-3-86936-899-3
€ 34,90 (D)
€ 35,90 (A)

Martin Limbeck
Limbeck. Verkaufen.
ISBN 978-3-86936-863-
€ 59,00 (D)
€ 60,70 (A)

Stephanie Borgert
Die kranke Organisation
ISBN 978-3-86936-900-6
€ 25,00 (D) / € 25,80 (A)

Anke van Beekhuis
Wettbewerbsvorteil Gender Balance
ISBN 978-3-86936-901-3
€ 24,90 (D) / € 25,60 (A)

Andreas Buhr, Florian Feltes
Revolution? Ja, bitte!
ISBN 978-3-86936-862-7
€ 32,90 (D) / € 33,90 (A)

Ulrike Knauer
Wahres Interesse verkauft
ISBN 978-3-86936-902-0
€ 24,90 (D) / € 25,60 (A)

Günter Schmitz
Unternehmertum ist nichts für Feiglinge
ISBN 978-3-86936-865-8
€ 29,90 (D) / € 30,80 (A)

Susanne Klein
Kein Mensch braucht Führun
ISBN 978-3-86936-903-7
€ 29,90 (D) / € 30,80 (A)

E-Book **Alle Titel auch als E-Book erhältlich**

gabal-verlag.de